U0913989

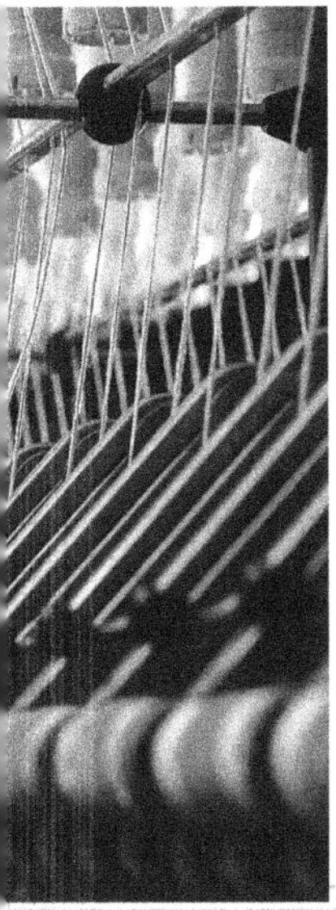

基于管理会计视角的

纺织服装企业职位资本研究

朱友干　李淑珍　温泉◎著

国家一级出版社　中国纺织出版社　全国百佳图书出版单位

内 容 提 要

本书在现有人力资本管理会计的基础上，将纺织服装企业高管所处职位视为资本和立论的基础，并以纺织服装企业高管薪酬为切入点，首先探讨了纺织服装企业高管职位资本及权益属性安排；其次，本书试图通过薪酬折现模型研究高管职位资本价值与薪酬对价的关系；再次，本书从职位资本角度探讨了纺织服装企业人力资本管理会计方法——职位资源合理配置，职位资本控制，职位资本治理，涵括了职位资本的资本结构，职位资本业绩考核、评价和报告，从而提高了纺织服装企业职位资本价值，完善了当前管理会计体系，优化了纺织服装企业管理能力，实现了该行业企业治理体系、治理能力的现代化。

图书在版编目（CIP）数据

基于管理会计视角的纺织服装企业职位资本研究 / 朱友干，李淑珍，温泉著. --北京：中国纺织出版社，2018. 2

ISBN 978-7-5180-4575-4

Ⅰ. ①基… Ⅱ. ①朱… ②李… ③温… Ⅲ. ①服装企业—人力资源管理—研究 Ⅳ. ①F407.866.15

中国版本图书馆CIP数据核字（2018）第001338号

策划编辑：于磊岚　　责任印制：储志伟

中国纺织出版社出版发行

地址：北京市朝阳区百子湾东里 A407 号楼　邮政编码：100124

销售电话：010—67004422　传真：010—87155801

http：//www.c-textilep.com

E-mail：faxing@c-textilep.com

中国纺织出版社天猫旗舰店

官方微博 http://weibo.com/2119887771

北京虎彩文化传播有限公司　各地新华书店经销

2018 年 2 月第 1 版第 1 次印刷

开本：710×1000　1/16　印张：12

字数：143 千字　定价：56.00 元

凡购本书，如有缺页、倒页、脱页，由本社图书营销中心调换

前言

2014年年初财政部会计司对外颁布了《关于全面推进管理会计体系建设的指导意见（征求意见稿）》。与此同时，当前我国管理会计人才匮乏已成为制约企业提高核心竞争力、价值创造力以及经济升级的瓶颈。虽然目前我国持证的会计人员达1500万，但高级管理会计人才却不足40万，管理会计师已经成为“会计行业的职场新贵”。与此同时，尽管人力资本是企业最重要的生产要素已经成为共识，但人力资本会计问题一直倍受争议，且一直未能将人力资本与其所处职位相结合，从而使得人力资本游离于管理会计实务之外。本书以此为背景，从管理会计视角探讨了纺织服装企业职位资本（即职位上的人力资本组合）的相关问题。

纺织服装企业作为以股东价值最大化为目标的经营主体，其价值链贯穿了服装设计、制造和营销三大环节，其职位资本所有者的经营管理水平是实现这三大环节协同能力、确保企业核心竞争能力的关键。现代企业理论指出：将企业净收益的分配规则由股权财务资本独占变为包括企业经营者在内的多元主体分享将有利于降低企业交易费用，提升企业业绩，进而实现股东价值最大化目标。赋予纺织服装企业职位资本所有者相应的薪酬对价水平成为发挥激励功效、实现股东目标的关键。解决此问题的路径在于建立市场化的薪酬制度，即以经济效率为导向，采取职位资本所有者薪酬对价水平与股东目标实现程度相挂钩的薪酬模式。本书在现有人力资本管理会计的基础上，将纺织服装企业高管所处职位视为资本和立论的基础，并以纺织服装企业高管薪酬为切入点，首先探讨了纺织服装企业高管职位资本及权益属性安排；其次，本书试图通过薪酬折现模型研究高管职位资本价值与薪酬对价的关系；再次，本书从职位资本角度探讨了纺织服装企业人力资本管理会计方法——职位资源合理配置，职位资本控制，职位资本治理，涵括了职位资本的资本结构，职位资本业绩考核、评价和报告，从而提高了纺织服装企业职位资本价值，完善了当前管理会计体系。

本书研究了纺织服装企业职位资本(即不同级别岗位及其内部人力资本群体)的管理会计方法，并提出了一些启发性理论与方法，对纺织服装行业提升管理水平、合理配置人力资源、激发人力资本所有者效率、优化全面预算等等具有参考价值。本书适用于纺织服装企业管理人员、财务人员以及其他相关人员拓展管理思维；也适用于企业管理人员、财务人员以及期望获取管理会计知识的相关人员参考和借鉴管理方法；同时适用于财经类研究生拓展研究思路。

本书的出版得到中国纺织出版社的大力支持，特别感激该社于磊岚编辑的辛苦付出；感谢北京服装学院李丹、刘学鸣、汪月祥、周常兰、邵争艳老师为本书出版所做的贡献；在撰写过程中，我们也参考了相关领域学者的部分案例与资料，在此一并致谢。

限于编者水平，疏漏谬误与不妥之处在所难免，敬请读者朋友们继续不吝批评指正。

朱友干

2017 年 8 月

目 录

3 纺织服装企业职位资本、薪酬对价及会计选择路径

4 纺织服装企业职位治理：从人本管理到职位治理——人力资源管理的新视角

5 纺织服装企业职位资源控制

6 基于产权视角的我国纺织服装企业高管职位资本治理

7 我国纺织服装企业并购重组估值方法研究

11 结论

1

纺织服装企业职位资本、权益属性

Chapter 1

本章针对我国纺织服装行业现状，在现有人力资本研究的基础上，提出职位资本理念，并以此为切入点，探讨纺织服装企业职位资本权益属性。

1.1 问题的提出

纺织服装产业是推动国民经济发展的重要民生行业，我国 90% 以上纺织服装企业属于中小型企业。这些企业在拉动地方经济发展、扩大对外纺织服装贸易、解决就业和增强国家财政收入等方面发挥着重要的作用。然而，随着全球经济重心的转移，新的消费群体与新消费市场的形成以及纺织服装行业生产力布局的不断变化，迫切要求纺织服装企业提高核心竞争力，从而使我国纺织服装企业在未来的竞争中立于不败之地。对纺织服装企业而言，经营管理水平关乎我国服装企业品牌开发、竞争优势的确立。可以毫不夸张地说，这些人力资本已成为服装企业获取可持续竞争力的关键。在此背景下，如何赋予纺织服装企业经营管理者相应的薪酬对价水平则成为发挥激励功效、提升我国纺织服装品牌知名度、制造与营销能力，实现股东目标的关键。解决此问题的路径在于建立市场化的薪酬制度，即以经济效率为导向，采取经营者薪酬对价水平与股东目标实现程度相挂钩的薪酬模式。基于此点，本书将纺织服装企业高管所处职位视为资本和立论的基础，并以纺织服装企业高管薪酬为切入点，探讨纺织服装企业高管职位资本、薪酬对价与会计选择问题。

1.2 纺织服装企业职位资本概念、特征

1.2.1 纺织服装企业的产权缺陷

依据科斯、张五常、阿尔钦安、德姆塞茨等人的企业理论，企业的产权制度是企业节约交易费用、实现资源配置效率的基本保证。产权的本质内涵是一组权利束，并能明晰地体现产权主体之间所有权、经营权以及收

益分配权的关系。

企业理论为我们考察纺织服装企业产权提供了有益的思路，即纺织服装企业必须以产权制度的清晰界定为前提，即必须尊重各生产要素的产权主体地位，若生产要素的产权主体地位界定不清，则很难实现服装设计、生产、营销环节生产要素的配置效率。这也就表明明晰的产权制度也是纺织服装企业实现资源最优配置的前提。然而，长期以来，我国纺织服装企业以民营企业居多，处于产业链的低端，不重视经营管理者的人力资本产权。这不仅导致企业管理水平有待提高，而且影响了企业服装品牌的开发、竞争优势的确立。因此，纺织服装企业要实现股东价值持续最大化，应当充分尊重经营者的生产要素主体地位，建立市场化的薪酬制度，即以经济效率为导向，采取高管薪酬对价水平与企业业绩、股东目标实现程度相挂钩的薪酬模式。因此，从产权角度尊重包括股权资本、债权资本以及职位资本等产权主体的生产要素收益权，有利于优化规范纺织服装企业产权以及高管薪酬，从而带来生产效率与竞争优势。

1.2.2 职位资本的概念与特征

1.2.2.1 职位

职位是指组织中承担一定职责的人员所工作的位置。该位置是依据组织目标需要设立的具有一定工作量的单元，是职权和责任的统一体。企业内部不同级别职位作为稀缺程度各异的生产要素，其目的是为企业创造价值。

1.2.2.2 职位资源

资源是一国或一定地区或企业拥有的物力、财力、人力等各种物质要素的总称，分为自然资源和社会资源两大类。《辞海》对自然资源的解释是：天然资财的来源。联合国环境规划署对自然资源的定义是：所谓自然资源是指在一定时期、地点条件下能够产生经济价值，以提高人类当前和将来福利的自然因素和条件。马克思和恩格斯在《资本论》中指出：劳动和土地，是财富两个原始的形成要素。因此，劳动和自然界在一起才是一切财富的源泉。马克思、恩格斯的定义，不仅包括自然资源，还将人（包括劳动力和技术）的因素视为财富的另一不可或缺的来源。可见，人才、智力以及技术等因素都是社会资源。因此，资源是一切可被人类开发和利用的物质、能量和信息的总称。企业内部不同级别职位作为稀缺的生产要素，也应视为企业拥有的社会资源——职位资源。这种资源是企业可以用以创造物质财富的，并在一定组织目标下，凝聚企业劳动力、技术、管理水平的客观存在。职位资源来源于职位资本，其占用形态是职位资产。

1.2.2.3 职位资本的概念

阿尔钦安和德姆塞茨的团队生产理论认为：企业通过内部组织形成更有效率的团队生产。进一步看，这种团队生产是通过组织内部一系列的职位安排来实现的，不同级别的职位凝聚了不同专用性人力资本的团队。因此，本书将职位资本的定义为：所谓职位资本即以每一职位为单位确定的人力资本组合。该组合投入企业形成综合生产力，即有产出价值的“人力资本”。依据团队理论，单个要素的边际生产率难以准确测量，易带来“偷懒”和“内耗”。也就是说，由于生产的连续性和职位产出的整体性，人力资本个体努力的信息往往难以从人力资本整体信息中细分出来。所以，不同职位人力资本组合——职位资本在职位目标约束下，可减少人力资本个体“偷懒”和“内耗”行为，带来生产效率。

众所周知，西方经济学中的经济人假设构成各种市场主体行为的理论基础，也成为人力资本个体行为分析的依据。但是，经济人假设忽视了经济主体私利性之间的相互制约和彼此依赖关系（方竹兰，2009[1]）。因此，职位资本以每一职位为单位确定人力资本组合，采用以职位而非以单个自然人为基本分析单位，从而避免了经济人假设忽视人们之间利益关系复杂性的缺陷。

职位资本来源于人力资本专用性投资。建立在人力资本个体专用性投资基础上的不同级别职位资本，不仅体现了人力资本投资的专用性差异，

[1] 2009年9月方竹兰教授于中国人民大学举办主题为“美国金融危机与经济人假设的反思”的学术讲座时阐述了上述观点。

而且体现了组织内部各级职位的长期隐性契约关系。一方面，这种隐性契约关系有利于降低履约成本，减少交易费用，增加企业价值，并能够为企业带来竞争优势。另一方面，企业内部不同级别职位资本之间形成的密切、长期和可协调的隐性契约关系有利于建立能使企业价值增值、相互制约、共存的职位资本结构。随着企业经营与积累，不同级别职位资本的结构也将会得到优化。

下面以传统企业组织结构图为例来说明企业内部不同级别的职位资本。

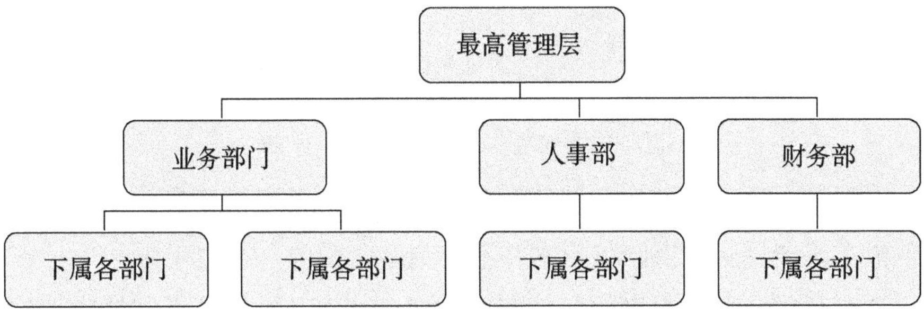

图1-1　企业组织结构图

图 1–1 表明：企业内部由不同的部门组成，这些部门内部由不同专用性职位资本构成。企业职位资本存在如图 1–2 所示的关系。

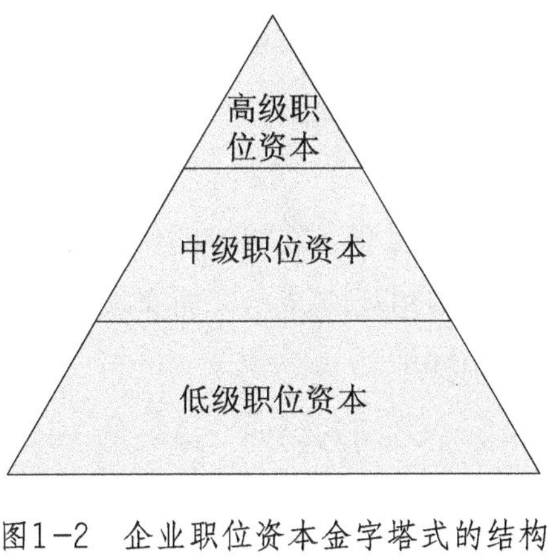

图1-2　企业职位资本金字塔式的结构

从图 1–2 可见，企业职位资本体现为金字塔式结构，处于塔顶的是高级职位资本，这部分职位资本的专用性最强，不可替代性高；处于塔基的是低级职位资本，其资本的专用性低，可替代性强。不同级别的职位代表了不同的专用性差异。

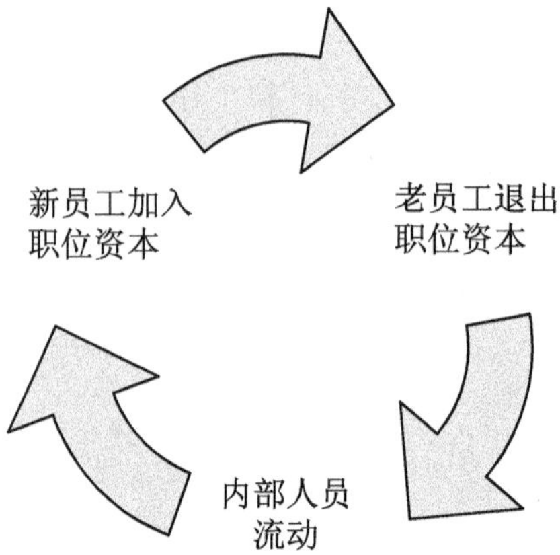

图1-3 职位资本内部人员的流动

由图 1–3 可见，就每一级别职位资本内部人员流动而言，新员工加入职位资本或老员工退出职位资本并不影响企业职位资本的存在。

具有不同专用性水平的职位资本能通过如下几方面降低交易成本，提高企业的绩效：

（1）降低签约、履约和监督的成本，促进生产协作、减少生产费用等等。

（2）提高信息传递效率，减少信息搜索成本。高专用性的职位资本能有效促进各级职位资本间信息的交流与转移，从而提高信息传递效率，减少信息搜索成本。

（3）提高提高资源配置效率。资源协同优势的实现和利用资源能力的提高需要不同级别职位资本相互协调，从而实现资源配置效率。

1.2.2.4 职位资本的特征

企业内部不同职位资本之间的纵向一体化的关系为企业治理结构提供了一个行动框架，减少了不同级别职位之间的交易成本，并能够为企业带来竞争优势。职位资本具有以下一些基本特征：

（1）专用性。与财务资本不同，职位资本作为人力资本个体组合，是一种特殊的资本，存在与职位资产一一对应的关系。这种对应关系衍生出职位资本的专用性差异。该专用性差异一方面表现为人力资本个体组合所拥有技术、技能及产能的差异；另一方面，也表现为不同级别职位资本的专用性差异。

（2）价值性。职位资本具有战略价值。它不仅能为企业带来长期性的收益，为企业创造长期性的竞争优势，而且也能使企业比竞争对手有更高的劳动效率，更低的成本，实现企业价值最大化。

（3）独特性。职位资本是在企业发展过程中长期沉淀而形成的。它为企业所拥有，并与企业目标与企业文化所融合，且难以被其他企业模仿和替代。这也使得我们不难理解为何相同的人力资本个体在不同的企业组织中具有效率差异的原因。

（4）创新性。企业职位资本可通过技术与管理创新从而对资源进行有效配置或延伸出具有竞争力的新产品和新服务，有力地支持企业向更有生命力的新事业、新领域延伸，使企业更好地满足不同消费者不断变化的需求。

（5）整体性。职位资本的形成必然是企业各级职位整体优化组合的结果，从而在企业资源配置过程中发挥作用。

（6）持续性。职位资本能够支撑企业具有持续的竞争优势，在不断变化和发展的环境中长期发挥作用，为企业注入生命活力，使企业在市场竞争中长盛不衰。

（7）生产性。生产性是职位资本最基本的性质。职位资本作为人力资本个体组合，是生产过程中必不可少的生产要素，是重要的经济资源。

（8）稀缺性。由于职位资本的形成和存量需要企业投入劳动、时间和金钱等。所以，专用性水平越高的职位资本，其稀缺性也就越大。

1.2.3 职位资本替代人力资本的理由

职位资本替代人力资本的理由如下：首先，人必须服务于某一特定职位才能称之为资本，脱离职位的人不属于资本范畴。其次，人力资本的剩余索取权尽管可追溯于个人，但却因人的流动性而具有较大不确定性，但职位资本却无须考虑人力资本个体流动对职位资本剩余收益索取权的影响。再次，人以不同职位的个体形态被经济主体所聘用后，在企业目标与职位职责的双重制约下，给企业带来经济利益的流入。这意味着职位能够为企业提供现在和将来的服务。这些预期的未来服务对企业具有经济价值。此外，职位资本所有者能够承担企业的风险。最后，内存于人体内的人的脑力和体力将通过其所处职位高低产生不同的经济价值。这意味着人力资本个体在不同的企业、不同的职位将具有不同的价值。

1.2.4 职位资本可以解决的问题

相对于人力资本而言，职位资本可以解决以下问题：

（1）劳动者与职位资本之间的关系。企业所有的劳动者都是不同级别职位资本的组成要素，级别越高，其专用性越强。

（2）人力资本的产权归属问题。与职位资本对应的职位资产能够为企业拥有或控制，产生经济利益（所谓职位资产，即职位资源的占用形态，而职位资本作为人力资本个体组合，则是职位资源的来源。）。职位资本产权归属比较明确，即使企业对其所拥有的人力资源进行了投资，投资部分也将作为资本化支出，增加企业的职位资产。当员工离岗时，会有新员工加入；若无须新员工，则说明职位资产效能提高，职位内人力资本个体的价值提高。由于职位资本并不附在人员个体的身上，就可以解决人力资本与所有者之间的不可分离性，人员流动也类似证券于一级市场发行后在二级市场上的转让。由此可见，职位资本产权的确定，可以解决职位资本确认、计量等一系列问题。

（3）人力资本参与收益分配问题。对于不同级别的职位资本，由于其专用性的差异以及对企业贡献大小，其参与剩余收益分配的份额也就有所差异。因此，职位资本能有效地解决人力资本“权”和“益”的界定以及人力资本参与收益分配的问题（即人力资本的权益实现问题）。

（4）职位资本结构及会计信息问题。就会计信息的内涵而言，职位资本还可以解决不同级别职位资本结构及信息披露问题，较为直观地体现企业组织结构以及管理过程中“头脑与身段”的比例协调程度，从而可满足信息使用者对不同职位资本信息的需求。

（5）其他方面。除上述几点之外，还可以解决企业内部控制制度与职位责职的结合问题，说明同一人员在不同企业会产生不同效能的差异等。这样，职位资本可以使人力资源会计不仅仅处于探讨阶段，而且具有可操作性。

纺织服装企业不同级别职位资本贯穿于服装设计、制造和营销几大环节。这些环节不同岗位上的人力资本个体是纺织服装企业不同级别职位的成员而非单个自然人。纺织服装企业内部不同级别职位之间以及同一级别职位内部人力资源个体形成了彼此制约、互相依赖关系。纺织服装企业应通过优化组织内部不同级别职位资源配置，从而确保服装设计、制造和营销环节各部门职位资本在追求物质利益的同时，实现纺织服装企业价值。

1.3 纺织服装企业职位资本的权益属性

当前人力资本会计学者并没有明确提出人力资本的权益属性，但一些相关研究确或多或少地涉及了人力资本权益安排。如葛家澍、杜兴强（2001）提出将管理型人才纳入人力资本，而生产型人员计入长期应付款；谭劲松（2001）的人力资本与负债；阎达伍、支晓强（2002）主张所有者权益分为权益性非人力资本权益以及权益性人力资本权益；刘秀丽等（2007）的权益性人力资本和非权益性人力资本；黄晓波（2007）的普通型人力资本权益、技能型人力资本权益以及管理型人力资本权益等。由此可见，值得肯定的是上述学者并未将人力资本单纯视为股权资本。但遗憾的是，因人力资本流动性所造成的计量难题，使得人力资本权益属性并未得以进一步研究。作为人力资本组合的职位资本可以解决人力资本个体流动性所造成的计量难题。因此，本节拟从专用性角度区分纺织服装企业职位资本权益属性，从而弥补人力资本研究的不足。

1.3.1 纺织服装企业低专用性职位资本：债权性安排

低专用性职位资本个体的差别性不太显见，可替代性高，专用性程度低。就纺织服装企业而言，这部分职位资本在企业中所占重较高。这是因为我国纺织服装行业处于产业链低端，多数服装企业从事来料加工，无法形成品牌优势，部分企业甚至沦为国际品牌的加工厂。相对于其他资本（包括财务股权资本以及专用性较高的职位资本）而言，纺织服装企业低专用性职位资本在缔约时处于被动地位，其他资本对低专用性职位资本的“寻租”成本低，而低专用性职位资本则因被动地位导致其“准租”被其他资本所占有。纺织服装企业低专用性职位资本无法上升为股权资本，也无权参与企业剩余收益的分配，只能获得相对低水平的薪酬收入，“无奈”地沦为特殊债权资本。这种特殊债权资本与财务债权资本的不同之处在于低专用性职位资本并非因对风险的规避而选择债权性安排，其沦为债权性资本的根本原因在于自身的专用性较低、可替代性高；这种低专用性及高替代性又使得其解除契约的机会成本高，从而无法“用脚投票”，被动沦为债权性资本。就纺织服装企业低专用性职位资本作为债权资本投入企业后的还本付息方式而言，低专用性职位资本是纺织服装企业的一种分期付息，到期还“本”的债务。债务“本”金即是低专用性职位资本价值，纺织服装企业还“本”的方法是辞退低专用性职位资本内部的个体人力资本，薪酬则是纺织服装企业使用低专用性职位资本的利息支出。

1.3.2 纺织服装企业高专用性职位资本：股权安排

相对于低专用性职位资本而言，纺织服装企业高专用性职位资本个体的专用性高、可替代性低，从而成为纺织服装企业最稀缺的生产要素，其契约地位日益提高。纺织服装企业高专用性职位资本契约地位的变化将会改变其权益属性的安排，即给予其股权性资本的地位，并享有剩余收益的分配权。此时，纺织服装企业对高专用性职位资本所支付的高额薪酬可视为稀缺度较高的职位资本投资者参与剩余收益分配的结果。与财务资本不同的是，纺织服装企业高专用性职位资本参与剩余收益分配的方式是分期预先支付，以充分发挥高专用性职位资本的效能。此外，高专用性职位资本的所有者承受纺织服装企业风险的方式也很特殊，纺织服装企业经营成败将决定高专用性职位资本剩余索取权实现与否以及职位资本所有者的命运，从而使其成为纺织服装企业风险的承担者。

1.3.3 纺织服装企业处于中间地带的职位资本：期股债权性职位资本

对纺织服装企业处于中间地带的职位资本（即专用性介于高、低之间的职位资本）通过契约安排来确保这部分职位资本成为期权债权性职位资本，即在给予其债权职位资本地位的基础上，根据纺织服装企业未来业绩及这部分职位资本的工作表现适当给予其股权职位资本地位，其薪酬对价水平的提高即是股权资本权益属性的实现。期权债权性职位资本由于其股权实现与否取决于这部分职位资本的表现及纺织服装企业的业绩，因此这部分职位资本从本质上首先具有债权资本的特征，性质类似可转换债券，只有将来股权实现时才转为股权职位资本，未实现股权前可视为企业特殊的负债。纺织服装企业职位资本权益的这三种安排如图 1-4 所示：

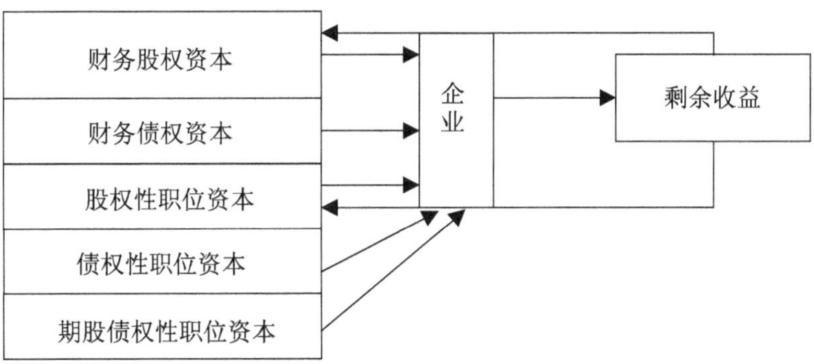

图1-4　企业资本结构的分类

此图说明纺织服装企业的资本结构由财务资本（股权和债权资本）和职位资本组成。其中，纺织服装企业职位资本按照权益属性分为股权性职位资本、债权职位资本以及期权债权性职位资本。这三种权益属性职位资本的构成比例主要取决于社会经济发展程度及纺织服装企业内部职位资本专用性程度及差异，社会经济发展水平高、纺织服装企业内部职位资本的专用性水平普遍较高时股权性职位资本所占的比例则大，反之则小。职位资本全体成为股权性资本将成为未来社会发展的方向，但因纺织服装行业的产业特点，纺织服装企业职位资本全体成为股权性资本的路尚漫长。近几年我国许多企业所实施的股权激励计划，其激励对象就是高专用性的职位资本。纺织服装企业也应参照此做法。这种安排体现了纺织服装企业高管职位资本在契约中的主导地位，并有利企业从高管职位资本治理角度树立公司治理的新理念——涵括职位资本的利益相关者共同治理，从而必将能完善公司治理模式，有效约束职位资本所有者的“寻租”行为，而且可以提高纺织服装企业治理效率，解决纺织服装企业治理效率问题。

1.3.4 引申的问题：纺织服装企业薪酬是不同属性职位资本作为生产要素的收益

纺织服装企业内部职位资本与所获得的薪酬对价水平与职位资本的对应关系表现为：纺织服装企业高专用性职位资本稀缺度高，所获得的薪酬对价水平也应较高；反之，薪酬对价水平也就越少。可见，纺织服装企业薪酬可视为不同属性职位资本作为生产要素所获取的收益（即资本收益）。这种资本收益表现为：低专用性职位资本的利息收入，高专用性职位资本的股权收益。

1.4 本章小结

本章在当前我国纺织服装行业转型升级，急需获取可持续竞争力之际，提出职位资本理念、特征、权益属性。本章引申出一个值得思考的问题：如何确定纺织服装企业高管职位资本价值，从而为以后各章的研究奠定基础。

2

基于薪酬对价的纺织服装企业高管职位资本价值

Chapter 2

在前文所探讨我国纺织服装行业职位资本理念、权益属性基础上，本章将薪酬视为不同级别职位资本的收益，并结合收益法探讨纺织服装企业高管职位资本价值的确定。

2.1 工资刚性假说与薪酬契约

凯恩斯理论认为，工资对外部环境的变化反应迟钝，不能灵敏地对劳动供求关系的变化做出及时调整。通常认为，工会、合同与政府最低工资法规，限制了工资的波动。同时，公司所有者不愿意降低工资的顾虑在于：由于降低工资而不是解雇低效率的员工，会使优秀员工失去积极性甚至跳槽。因此，工资具有刚性或黏性特征。

工资刚性假说为我们考虑高管薪酬契约提供了有益思路。如前所述，高管职位资本已成为纺织服装企业拥有核心竞争力的关键。因此，有效的高管薪酬契约不仅是纺织服装企业对高管职位资本激励的基础和核心，而且也是高管职位资本价值最大化的保证。从本质上看，纺织服装企业高管薪酬契约是股东与高管签订的一种长期关系型契约。契约各方都可能实施机会主义行为，高管薪酬契约需要交易的保障机制，最优高管薪酬契约的设计要求高管薪酬与股东目标实现程度相关、高管剩余索取权与剩余控制权匹配，从而有助于解决代理问题。但是，纺织服装企业股东与高管自利和有限理性决定了在薪酬契约谈判过程中存在着缔约开始前的逆向选择行为和契约履行过程中的道德风险行为，表现出非合作博弈特征。高管薪酬契约会偏离帕累托最优设计。纺织服装企业高管职位资本的专用性越高，其可替代性越低。经济主体对纺织服装企业高管职位资本的替换成本越高、依赖程度越强，则高管的契约优势越明显，所获得的薪酬对价（含薪酬对价）也就越多。

2.2 纺织服装企业高管薪酬对价的对象、目的及性质

2.2.1 纺织服装企业高管薪酬对价的对象

纺织服装企业薪酬对价的对象是企业的所有职位内的职工，即各种专用性程度不同的职位资本，而纺织服装企业高管薪酬对价的对象则是专用性程度较高的高管。当前会计准则将纺织服装企业对职位资本的对价即薪酬支出一律作为成本费用化处理，并未能考虑纺织服装企业薪酬对价对象所处的职位，也未将高管作为职位资本，更没有结合高管职位资本的权益属性来探讨薪酬对价对象。这正是本书所探讨的问题。

2.2.2 纺织服装企业高管薪酬对价的目的

依据《企业会计准则第 9 号——职工薪酬》以及《企业会计准则第 11 号——股份支付》的规定，可将纺织服装企业薪酬对价定义为：纺织服装企业为取得职工提供的服务而给予各种形式的报酬以及其他相关支出。由此可见，纺织服装企业薪酬对价的目的是获取不同级别的专用性职位资本，而纺织服装企业高管薪酬对价的目的则是获取高管专用性程度较高的职位资本投资。

2.2.3 纺织服装企业高管薪酬对价的性质——股权资本的收益

纺织服装企业薪酬对价体现了不同专用性职位资本作为生产要素所实现的权益（即资本收益），其理论根源是法国经济学家萨伊所提出的“三位一体”分配模式以及后来马歇尔、熊比特、卡森等扩展的“四位一体”分配模式，即劳动——工资、土地——地租、资本——利润、企业家才能——企业家利润。“四位一体”分配模式说明了企业应按各要素对经济主体贡献的大小分配，而不同专用性的职位资本所获得的薪酬可视为这些

职位资本生产要素参与分配的结果，体现了专用性职位资本与财务资本的契约关系和博弈结果，符合这些职位资本的生产要素特征。因此，可将纺织服装企业高管获取的高水平薪酬视为高管职位资本的参与企业剩余收益分配的结果，而且是优先分期支付。

2.3 从收益法角度计量职位资本价值

2.3.1 收益法的内涵

所谓收益法即从生产要素获取的收益角度判断其价值。该方法根源于理财学中的证券估价理论，即任何金融资产价值可看成是投资人未来收益的现值。

以职位资本为基础的薪酬对价水平不仅反映企业对职位资本的投入水平，而且也是职位资本作为生产要素的收益。因此，薪酬不仅可成为市场经济条件下各级职位资本的价格信号——体现市场对职位资本的认可及职位资本价值的实现，而且也能作为计量职位资本价值的依据。

2.3.2 可操作性的计量方法

职位资本的计量是以某种尺度为标准确定职位资本的价值量，从而从量上解决不同产权主体——职位资本与财务资本对企业收益的贡献及比例。在财务会计核算系统中，职位资本的计量也是对其进行确认、记录、报告的前提，而对职位资本的计量结果又构成其确认、汇总、传递和输出信息的内容。

从理论上看，会计计量应包括计量单位（包括名义货币计量单位以及一般购买力计量单位）和计量属性（我国 2006 年新颁布的基本准则明确了会计计量属性包括：历史成本、现行成本、现行市价、可实现净值、公允价值）。基于各种计量单位与计量属性构成了不同的会计计量模式。本书拟对当前现有的计量方法赋予新的含义，并提出具有可操作性的职位资本计量方法。

2.3.2.1 计量模型

当前人力资源会计的两大分支——人力资源成本会计和价值会计对确定人力资本价值量提出不同的解决方法。人力资源成本会计着眼于企业对人力资源投资的资本化，计量方法有历史成本法和重置成本法。人力资源价值会计着眼于人力资源产出的资本化，计量方法有未来收益现值法，薪酬折现法、经济价值法等货币性计量方法及一些非货币性的人力资本价值确定方法。本书从职位资本角度赋予这些方法新的内涵，分别表述如下：

（1）历史成本法，即对每一级职位资本的招聘、雇用、训练员工和开发员工潜力的费用都要计算成各级别职位资本的价值，无须考虑员工离岗问题。

（2）重置成本法，即企业重新募集职位资本的价值，包括为了达到现有职位效能所需挑选、招聘、雇佣、训练、安置、开发职位人员的全部费用。这种方法的优点是可将职位资本价值调整到现行市价，能从市场角度使职位资本价值符合其真实价值。

（3）未来收益现值法，即将纺织服装企业各年的收益按职位资本的贡献进行折现，折算为职位资本价值。

（4）薪酬折现法，即以纺织服装企业各年预计的对每一级别职位资本的总投入（即薪酬支出）现值作为该职位人力资本的价值。对于纺织服装企业每一级别职位资本实际薪酬支出与预计薪酬支出的差额，根据资本保全原则，可于实际支出发生时调整每一级别职位资产的价值及相关职位资本权益，而不再调整每一级别职位资本的入账价值。

（5）经济价值法，即通过估算企业的价值（包括企业未来收益的现值），确定企业的经济价值，再按一定比例分配给职位资本。

从上述各种方法可见，薪酬折现法最具有可操作性。该方法采用历史成本与公允价值相结合的计量属性，以名义货币购买力为计量单位，将纺织服装企业对职位资本的薪酬支出现值（即将企业对职位资本投入折现）作为该职位资本的价值。这符合理财理论，即以未来收益现值确定经济资源价值。因职位资本所有者从企业获取的收益是薪酬对价，所以，该方法体现了职位资本作为生产要素获取的对价，能真实地反映纺织服装企业职位资本价值。

此外，以薪酬折现法确定每一级别职位资本的价值，有效地排除了企业雇员流动性的影响，除非纺织服装企业精简职位，否则当某一雇员离开职位后将会有新的雇员补充进入。因此，确定职位资本价值无须考虑每一职位内部雇员离岗情况，并能解释不同级别职位资本在同一组织中的专用性差异及其在不同组织中的效率区别。每一级别职位资本专用性越高则其薪酬越高，价值越大。同行业不同企业之间效率不同则薪酬必然有所差异，从而其职位资本价值也就有所差异。现实中不同企业所实行的竞聘上岗已经很好地说明了企业内部的职位资本专用性程度及其不同企业的效率差异。下面对此方法进行详细阐述。

该计量方法的基本公式表示为：

$$V_n = \sum_{t=1}^{n} \frac{I_t}{(1+r)^t}$$

式中：V_n 表示纺织服装企业每一级别职位资本的总价值；I_t 表示该职位每年的薪酬支出；r 是适用于该纺织服装企业的收益折现率；n 是企业的存续期，趋向于无限。

在上述计量方法确定企业每一级别职位资本总价值的基础上，按纺织服装企业对个体人力资本薪酬支出占企业职位内总薪酬支出的比重来确定人力资本个体价值。

上述基本公式可根据不同的情况进行变换，具体包括以下几种：

【情形一】在纺织服装企业持续经营的假设下，当企业职位内每年薪酬保持同一水平时，则基本公式变形为永续年金求现值，基本公式变形为：

$$V_n = \frac{I}{r}$$

式中：V_n 表示纺织服装企业每一级别职位资本的总价值；I 表示该企业预计每年的薪酬支出；r 是适用于该企业的收益折现率。

【情形二】在纺织服装企业持续经营的假设下，当纺织服装企业职位薪酬以年增长率 g 固定增长时，则人力资本基本估价公式类似于股利固定增长模型，基本公式变形为：

$$V_n = \frac{I_1}{r - g}$$

式中：V_n 表示纺织服装企业职位资本的总价值；I_1 表示该企业预计下一年度职位薪酬支出；r 是适用于该企业的收益折现率；g 是企业薪酬的年增长率。

【情形三】在纺织服装企业持续经营的假设下，除企业职位内每年薪酬保持同一水平之外，若职位资本所有者同时持股，则基本公式变形为永续年金求现值加持股价值，即为：

$$V_n = \frac{I}{r} + n \times p$$

式中：V_n 表示纺织服装企业每一级别职位资本的总价值；I 表示该企业预计每年的薪酬支出；r 是适用于该企业的收益折现率；n 表示企业每一级别职位资本持股总数；p 表示该证券价值。

理由如下：首先，根据现代财务理论，证券资产价值取决于该证券的未来现金流量。即：

$$p = \sum_{t=1}^{n} \frac{NCF_t}{(1 + R)^t}$$

式中：p 表示该证券价值；NCF_t 表示预计该证券每年产生的现金流入；R 是适用于该证券的收益折现率。

其次，当职位资本所有者不仅领取薪酬，而且持股时，则应将职位资本所有者获取的薪酬和持股现金流折现为职位资本价值。即：

$$V_n = \sum_{t=1}^{n} \frac{I_t}{(1 + r)^t} + n \times p$$

式中：V_n 表示纺织服装企业每一级别职位资本的总价值；I_t 表示该企业预计每年的薪酬支出；r 是适用于该企业的收益折现率；n 表示企业每一级别职位资本持股总数；p 表示该证券价值。

最后，在纺织服装企业持续经营的假设下，若企业职位内每年薪酬保持同一水平且职位资本所有者同时持股，则上述公式变形为永续年金求现值加持股价值。即：

$$V_n = \frac{I}{r} + n \times p$$

2.3.2.2　折现率的选择

折现率又称为资本投资报酬率，即将资本主体的未来投资报酬转换为现值的比率。投资的基本原则是同等风险下报酬最大，或同等收益下风险最小。在一个较为完善的资本市场中，风险与收益存在对等关系，期望获得较高的投资收益就意味着要承担较高的风险。这为我们确定折现率提高了基本思路，即折现率应体现风险与收益之间的配比关系。折现率的确定方法有以下四种：加权平均成本法、资本报酬率法、无风险利率加成法以及 CAPM 法（即资本资产定价模型法）等。

（1）加权平均成本法。以加权平均成本作为折现率估计现值的方法即加权平均成本法。

总体来看，企业资本的来源有债务资本和股权资本。所谓加权平均成本亦称综合资本成本，指以某种筹资方式所筹措的资本占资本总额的比重为权数，对各种筹资方式获得的个别资本成本进行加权平均所得到的资本成本。

（2）资本报酬率法。资本报酬率法是指以行业平均资本报酬率为基础，再根据企业条件进行调整得出折现率的方法。

由于资本报酬率具有明显的行业特征，在确定折现率时要考虑行业因素。同时，企业实际利润高低还取决于行业市场规模及成长率、企业规模和有关竞争者的定位战略。因此，我们在确定企业折现率时，必须考虑这些因素对于企业资本报酬率的影响。

（3）无风险利率加成法。投资者投资于收益不确定的项目时，必然有风险。无风险利率加成法的理论依据是：当投资者愿意投资于某一风险性项目时，其必然会要求对所承担的额外风险有补偿。因此无风险利率加成法是将无风险的报酬率加上因承担风险而获得的额外补偿作为折现率的一种方法。

无风险利率加成法的表达式如下：

折现率 = 无风险利率 + 通货膨胀率 + 风险报酬率

无风险利率是不考虑风险报酬的利息率，一般是指国债利率。

在通货膨胀条件下，如果企业的收支金额是按名义价格计算的，为体现企业实际的对折现率，考虑通货膨胀风险对折现率的影响，即加上通货膨胀率。

简单来看，风险报酬率是投资者要求的除无风险利率以及通货膨胀率之外的风险补偿。

（4）CAPM 法。CAPM 法即资本资产定价模型法。该方法是恒量风险和风险溢价之间关系的模型。从发达资本市场来看，资本资产定价模型由于具有简单、直观并且有很强的可检验性，一直是衡量风险收益风险对等关系收益模型的标准。

众所周知，资产的风险来源可分为两类：一类是由企业特定行为产生的非系统风险，这种风险可通过分散投资来消除；另一类是由市场行为产生的系统风险（也称市场风险），它影响所有资产的价格。这种风险无法通过分散投资来消除。资本资产定价模型通过 β 值来衡量市场风险。根据 CAPM 法所确定的折现率如下：

折现率 = 无风险报酬率 + $\beta\times$ 市场组合的期望收益率

（5）我国准则有关折现率的规定。根据我国新准则中的相关规定：计算资产未来现金流量现值时所使用的折现率应当是反映当前市场货币时间价值和资产特定风险的税前利率。该折现率是企业在购置或投资资产时所要求的必要报酬率。如果用于估计折现率的基础是税后的，应当将其调整为税前的折现率，以便与资产未来现金流量的估计基础相一致。

2.3.3 纺织服装企业高管职位资本价值

在实务中，纺织服装企业可依据上述薪酬折现模型，计算每一家纺织服装企业高管职位资本价值，在此不再赘述。

2.4 本章小结

本章首先结合纺织服装企业职位资本的权益属性差异分析了高管职位薪酬对价的目的、对象以及性质。其次，主张从收益法角度探讨计量职位资本价值的可操作性方法——薪酬折现法；最后，提出了纺织服装企业高管职位资本价值的确定方法。

3

纺织服装企业职位资本、薪酬对价及会计选择路径

Chapter 3

本书前面阐述了职位资本权益属性，并认为应从收益法角度、利用薪酬折现金模型确定职位资本价值。本书在前述研究的基础上，拟探讨纺织服装企业高管职位资本及薪酬对价的会计选择。

3.1 纺织服装企业职位资本及薪酬对价会计选择的路径

众所周知，从发展史角度看，会计发展先后经历了古代、近代、现代会计三阶段。其中，近代会计以企业为中心发展至今，逐渐形成了现代会计的两大分支：财务会计和管理会计。

探讨纺织服装企业职位资本及薪酬对价会计选择的路径在于将不同专用性职位资本纳入管理会计或融入财务会计体系、并将赋予高管的薪酬视为股权职位资本参与剩余收益分配的结果。因 2014 年新准则体系的颁布与实施使得公允价值计量属性及估价技术已逐步被实务界所接受，职位资本的估价技术条件已成熟。所以，本项目将在分别阐述纺织服装企业职位资本（尤其是高管职位资本）及薪酬对价的会计选择的基础上，从当前我国现实条件出发，主张将纺织服装企业职位资本纳入管理会计路径。

3.2 纺织服装企业职位资本及薪酬对价会计选择的路径之一：纳入财务会计体系

纺织服装企业作为经济主体，其必然也是不同专用性职位资本与财务资本的特别合约。然而，各级职位资本及结构信息却一直游离在财务会计体系之外，无法反映企业的管理实力和竞争力。因此，可将职位资本纳入财务会计体系，并按照一定的程序、方法将不同专用性职位资本记录、分类、汇总输出各级职位资本信息。从而在财务会计体系下为外部信息需求者提供纺织服装企业管理和竞争实力方面的信息。就人力资本的会计选择而言，James A. Hendricks（1976）、B Hansson（1997）以及 R Ackland（1999）通过实证研究得出结论，人力资本纳入财务会计将会影响投资者的决策，从而人力资本会计信息具有决策价值；张文贤（2001，2002）主张将人力资本纳入财务会计体系，并认为应当制定人力资本会计准则，同时在财务报表内披露人力资本相关信息；谭劲松（2001）主张将智力资本纳入财务报告；葛家澍、杜兴强（2001，2004）主张通过彩色报告模式将人力资本纳入财务报告；徐国君（2007）从人本会计角度提出应将人力资本纳入财务会计体系；黄晓波（2007）、陈静宇（2007）以及其他许多学者都表达了相同的观点，即应将人力资本纳入财务会计体系。因人力资本流动性造成的计量难题而使得上述观点可操作性不高，本书以职位资本为切入点，认为纺织服装企业高管职位资本及薪酬对价会计选择的路径之一是纳入财务会计体系，并将高管所取得的薪酬作为股权资本的剩余收益。

3.2.1 职位资本可纳入财务会计体系的原因

具体而言，职位资本可纳入财务会计体系的原因主要有：

（1）从会计目标看，职位资本及其结构是现代财务会计所要揭示的信息。财务会计目标是向企业利益相关者提供决策所需并符合质量要求的会计信息。由于纺织服装企业各级职位资本，尤其是高管职位资本是企业重要的生产要素和最有价值的资本。因此，从利益相关者角度看，纺织服装企业管理当局利用职位资本及其结构信息将有助于职位资源的优化配置；企业外部利益相关者（如投资者和债权人等）利用职位资本及其结构信息将全面了解企业的管理结构、管理实力和竞争力。而当前财务会计理论缺乏有关职位资本及其结构信息，从而会影响决策信息的相关性和可靠性。从而，提供涵括职位资本及其结构的会计信息可成为财务会计的目标之一。

（2）从职位资本本质看，它是纺织服装企业的一项资产来源，可以成为财务会计的要素。1985 年 FASB 第 6 号概念公告将资产定义为：一个特定主体由于过去的交易或事项而获得或控制的可预期的未来经济利益。可见：资产的实质是未来可望获得的经济利益，而职位资本是指人力资本组合，即人的产能组合。它与劳动对象，劳动资料一起构成了生产力必不可少的三要素。因此，职位资本具有服务绩效潜力，能给企业带来未来经济利益，是企业经济资源的来源。就所有权而言，职位资本的所有权虽然属于人力资本个体，但当企业获得职位资本所有者投资后，人力资本个体就必须受制约于企业的管理，从而意味着企业取得了职位资本的使用权。此外，就可计量性而言，职位资本作为一种经济资源，需要企业进行薪酬对价及其他相关支出，这些支出可以货币计量。综上所述，职位资本是企业的资产来源，其所形成的职位资产是企业拥有和控制的，能为企业带来经济利益的经济资源。因此，职位资本是企业的资产来源，可成为财务会计的要素。

总之，将纺织服装企业职位资本纳入财务会计体系后，可使利益相关者了解纺织服装企业财务状况、经营成果、现金流量以及所有者权益变动方面的信息，清楚纺织服装企业内部职位安排及其结构信息，从而了解纺织服装企业基业长青的根源——职位资本、结构及其价值信息。

3.2.2 职位资本融入财务会计体系的理论

如前所述，本书沿着张文贤、谭劲松、葛家澍、杜兴强以及徐国君等学者的研究思路，主张将纺织服装企业各级职位资本及其结构纳入财务会计体系，并将高管所取得的薪酬作为股权资本的剩余收益。为实现此路径，需补充当前财务会计的目标、会计假设、会计要素和相关会计确认、计量、记录与报告等。这并非独立于财务会计之外，而是对当前财务会计理论和实务的完善。

3.2.2.1 涵括职位资本的财务会计目标

1978 年 SFAC 第 1 号《财务会计概念公报——企业会计报表的目标》明确指出，会计人员应当随着社会经济环境的变化，不断改善会计信息的质量，以满足信息使用者的需求。当今社会，人力资本组合所形成的各级职位资本，尤其是高管职位资本已经成为企业最重要、最有创新能力的生产要素。而当前财务会计中匮乏职位资本及其结构信息。因此，为利益相关者提供包括职位资本及其结构在内的决策有用信息，也应成为财务会计目标的内涵。

具体而言，除了现有财务会计目标所表述的内容外，涵括职位资本的财务会计的目标包括以下几方面：

（1）对外提供反映纺织服装企业各级职位资本价值及其结构，从而体现企业软实力——管理能力的信息。将职位资本纳入财务会计体系，通过对不同级别职位资本价值及结构的信息披露，将使纺织服装企业利益相关者了解企业的软实力——管理能力。纺织服装企业职位资本结构可以直观地反映企业高管与低级职位资本的协调程度，避免出现“头大身段小”以及管理低效等情况。

（2）为纺织服装企业提供不同级别职位资本对价信息。纺织服装企业对职位资本的薪酬对价水平因职位资本专用性不同而存在较大差异。这就要求财务会计合理确认企业职位资本的对价支出，并按其权益属性选择不同的确认、记录与披露方法，从而为纺织服装企业提供不同级别职位资本对价信息。

3.2.2.2　涵括职位资本的财务会计假设

会计假设是指面对不确定的社会经济环境，会计人员对某种经济业务进行会计选择所做出的合理推论。这种假设是会计理论与实践最根本的前提。在此基础之上，可以演绎出会计理论与方法。纺织服装企业涵括职位资本的财务会计假设除了会计主体、持续经营、会计分期、货币计量四个会计基本假设外，还假设职位资本的价值可以类似于财务资本计量以及在不同的会计期间进行核算等。具体而言，涵括职位资本的会计的特有假设包含以下几项：

（1）职位资本是纺织服装企业有价值的经济资源。首先，此假设说明职位资本的投资主体——人力资本个体必须服务于组织机构或会计主体中的某一特定职位。其次，该假设表明，内存于人体内的脑力和体力将通过职位产生经济价值。最后，该假设意味着嵌合于人力资本个体的职位具有产能，能够为组织提供现在和将来的服务，且这些服务对企业具有经济价值。

（2）纺织服装企业薪酬为职位资本投资者获取的生产要素对价而非仅仅是费用支出。笔者将不同级别职位资本所获取的薪酬界定为：薪酬是职位资本作为生产要素获取的对价，应根据不同级别职位资本的专用性赋予不同的权益属性。稀缺度最高的职位资本所有者获取的薪酬可视为参与企业剩余收益分配的结果；稀缺度较低的职位资本所有者获取的薪酬可视为债权资本的利息收入。从而本书主张将纺织服装企业薪酬视为各级职位资本参与经济主体剩余收益分配的结果或企业的成本费用。作为资本收益的薪酬体现了财务资本与职位资本的契约关系和博弈结果。这也是薪酬对价会计选择的理论依据。

（3）职位资本是可以货币计量的经济资源。职位资本由于其本身提供未来服务潜能的不确定性，因而似乎不可能对其货币计量。然而，会计理论中诸多要素的计量都具有不确定性特征，如：2014 年新准则体系中涉及公允价值等计量属性的经济业务及相关会计要素。会计计量在本质上只是人们观念上对一种事物价值认可的手段，因而并不存在绝对准确的计量尺度。另一方面，随着公允价值计量属性的引入，很多未来预期越来越多地被会计理论所接受，并采用了货币量度。同样，对纺织服装企业职位资本进行货币计量是利用货币单位度量不同级别职位资本为其创造的价值或从企业获取的收益。这也符合现代证券估价理论方法。本书前述研究已清晰地表明：职位资本的可计量性是毋庸置疑的。

3.2.2.3　涵括职位资本的财务会计概念

会计概念是对会计基本要素的定义。除了现有财务会计概念外，涵括职位资本的财务会计的概念还需涉及职位资产、职位资本、职位资本权益等。

（1）职位资产。虽然 FASB（即美国财务会计准则委员会）、IASC（即国际会计准则委员会）以及 CAS（即中国企业会计准则）对资产定义的表述不同，但本质是相同的，即：资产是因过去交易或事项所产生、企业拥有或控制并能给企业带来未来经济利益的资源。职位资产是企业拥有或控制的，可望向企业流入未来经济利益的经济资源。之所以如此定义，其原因是职位作为生产力的要素具有服务效力，被企业拥有和控制，能产生未来经济利益，从而完全符合资产的本质特征。职位资产来源于职位资本，是职位资源的占用形态。职位资产的核算内容主要包括两方面：一方面是企业为其对价的现值部分；另一方面即是人力资本个体投入企业后企业对其追加的支出，或称为资本化的支出。这正如固定资产投入企业后企业可对其提高使用性能的支出应增加固定资产账面原值一样。

（2）职位资本。如前所述，职位资本是以每一职位为单位确定的人力资本组合，代表人力资本个体所有者投入企业所形成的职位资产的来源。职位资本因专用性不同而存在权益属性的差异，所以，职位资本类似实收资本（或股本）或债权资本。就所有权而言，职位资本的所有权应属于其投资者——人力资本个体。当人力资本个体所有者被录用为某一企业组织职位的构成时，意味着企业接受了职位资本所有者对企业的投资，并形成了与财务资本相对应的人力资本投资组合——即职位资本。该资本具有产出价值，且在组织目标下，整合并凝聚了各人力资本个体所拥有的，具有经济价值的知识和能力。纺织服装企业职位资本与职位资产相对应，或者说是企业职位资源的来源。

（3）职位资本权益。职位资本权益包括：股权职位资本权益、债权职位资本权益以及期股债权资本权益，分别对应于高专用性职位资本、低专用性职位资本以及介于两者之间的期股债权性资本。

3.2.2.4 涵括职位资本的财务会计信息质量特征

会计信息质量特征是对企业财务报告所提供会计信息质量的基本规范。依据我国 2006 年所颁布的基本准则，会计信息质量特征包括：可靠性、相关性、可理解性、可比性、实质重于形式、重要性、谨慎性和及时性。这些信息质量特征基本满足了利益相关者对信息质量的需求。

涵括职位资本的信息质量特征可继续遵循现有信息质量特征的总体要求，并赋予具体的规范。如：为了满足职位资本的会计信息相关性的要求，则可采用薪酬折现法确定职位资本价值，这也体现了职位资本的公允价值；依据重要性的要求，可将企业预计薪酬支出与实际薪酬支出的差异调整相关职位资产以及职位资本权益，而不调整职位资本入账价值；根据可比性要求，不应随意变更职位资本价值确定方法等。

3.2.2.5　融入财务会计体系的职位资本确认

会计确认是指把经济业务或事项列入会计要素，并以会计的语言记录和报告的过程。会计确认包括确认标准和确认时间。

具体而言，职位资本的确认标准可界定为：

（1）符合会计要素的定义。

（2）可计量性，包括精确性计量与模糊性计量相结合。

（3）兼顾相关性与可靠性要求。

就职位资本符合会计要素的定义而言，职位资本可被视为资本的理由是：首先，资本是企业经济资源的来源，其本质是能为企业带来价值增值。而职位资本作为企业职位资源的来源，正日益成为企业未来价值实现的主要源泉。其次，资本是所有权的价值形式。人力资本个体投入企业形成职位资本后，职位资本的所有权仍归人力资本个体所有，代表所有者的权益诉求。再次，职位资本的所有者具有逐利动机，这是资本的本质特征。职位资本的所有者逐利性表现为其在不同组织的流动中追求资本收益最大化。最后，职位资本具有可计量性的特征，这一点在前文探讨职位资本的假设时已述及，在此不再赘述。

就兼顾相关性与可靠性要求而言，通过会计确认所提供的职位资本信息不仅与使用者的决策相关联，而且必须真实、具有决策价值。利益相关者通过这些信息能了解企业职位资本配置、职位资本结构以及竞争力等情况。

此外，职位资本的确认分为初次确认和再次确认。资本的不确定性可分为两大类：一类是股权资本获取收益的不确定性，该不确定性表现为股权资本获利或变现能力的不确定性及其相关风险和收益的不确定性。如：职位资本所有者获取收益（即企业赋予职位资本的对价水平）的不确定性。另一类是债权资本经济利益丧失的不确定性。这类不确定性表现为企业对债权资本保障程度的不确定，往往涉及相关风险和损失。职位资本的确认分为初次确认和再次确认也是由于职位资本作为生产要素所获取收益的不确定性。如：当职位资本及其相应的职位资产计量采用未来薪酬折现法时，当各年实际的薪酬支出相对于原先预计的支出有差别时，需再次确认。此时，经再确认所提供的信息应更具相关性，更好地反映企业的职位资本及其相应的职位资产状况。这种再确认可调整相关职位资本权益，而不必调整职位资本入账价值。

职位资本的会计确认时间应当是企业配置职位资源时初次确认以及调整预计对价水平的再次确认。

3.2.2.6 融入财务会计体系的职位资本计量

（1）职位资本的计量理论[1]。国际会计准则理事会（IASB）在其概念框架中指出：会计计量是确定将在财务报表中所反映的会计要素货币金额的过程，在此过程中涉及计量单位以及特定计量属性的选择。

本书主张职位资本的计量单位采用货币量度，并可根据企业以及总体经济环境选择名义货币单位或者一般购买力货币单位。

尽管职位资本的计量属性总体上可比照现行会计计量属性，但现值及公允价值计量属性的选择可以更相关地体现职位资本价值。本书拟结合职位资本对这两个计量属性做一简单解释。

①现值：指职位资本在正常经营状态下可望实现的未来现金流入量的贴现值。以未来现金流入量现值计量职位资本价值的主要依据是：职位资源的来源——职位资本能带来预期的未来经济利益，这种经济利益的大小与预期的现金流入的时间分布有关，即要考虑货币时间价值。所以职位资本的价值可按其预期的未来现金净流入的贴现值来计量。

②公允价值。2002 年 FASB 第 7 号财务会计概念公告《在会计计量中使用现金流量和现值》中指出：公允价值是指在非强迫、非清算交易中，自愿交易双方进行买卖的价格。2006 年 9 月 FASB 第 157 号以及我国 2014 年 CAS39 号都指出：公允价值是在计量日的有序交易中，市场参与

[1] 本部分内容是作者发表于 2008 年《财会月刊》相关主题文章的提炼与升华。

者出售某项资产所能收到的价格或转移负债所愿意支付的价格（更加强调是脱手价格）。这种交易价格代表了企业为获取职位资本所有者投资所支付的代价。从理论上看，职位资本公允价值估价技术可以采用市场法、收益法以及成本法。市场法下，职位资本公允价值主要是健全经理人市场上人力资本投资者的市场价格组合。如果没有一个成熟的经理人市场，则采用收益法或成本法。收益法是将职位资本所有者获取的未来收益的现金流转化为现值（可以采用现值技术、期权模型以及多期剩余收益模型来确定）。成本法是将职位资本以及职位资产的重置成本为基础计量公允价值。从我国的实际情况来看，因目前中国资本市场并没有形成一个成熟的经理人市场，因此，以市场法估价职位资本公允价值的条件不具备。相应地，收益法也就成为可选择的估价技术了。

（2）职位资本的会计计量方法——薪酬折现法。如前所述，本书从职位资本角度赋予当前人力资本计量方法新的内涵，并提出了具有可操作性的职位资本计量方法——薪酬折现法。限于篇幅，本书不拟赘述此方法。

（3）薪酬折现法下企业薪酬对价的会计选择：利息费用化以及视为参与企业剩余收益分配的结果。我国薪酬准则规定：企业应当在职工为其提供服务的会计期间，根据职工提供服务的受益对象，分别下列情况处理：应由生产产品、提供劳务负担的薪酬支出应计入产品成本或劳务成本（在制造成本法下薪酬支出中有关生产工人以及车间管理人员薪酬支出计入生产成本或制造费用）。应由在建工程、无形资产负担的薪酬支出计入固定资产或无形资产成本。对企业管理人员（生产车间管理人员除外）的薪酬支出，因难以确定直接的受益对象，准则要求将这些支出直接计入当期损益。由此可见，在当前准则规范下，薪酬对价应计入存货资产、固定资产、无形资产、管理费用以及其他期间费用。

由上述分析可见，目前薪酬准则规范的不足之处在于：企业按薪酬的受益对象分配对价支出，而非按职位资本的权益属性分配对价支出。这体现的仍然是财务资本至上的理念，不符合当前职位资本在契约中的地位，也忽略了职位资本的权益属性与权益诉求。本书主张依据纺织服装企业薪酬受益对象所处职位的权益属性（即低专用性职位资本——债务资本、高专用性职位资本——股权资本以及介于两者之间的期股债权性职位资本）探讨其薪酬对价的会计选择问题，即将薪酬利息费用化以及视为股权职位资本参与企业剩余收益分配的结果。

①利息费用化观点——低专用性职位资本。如前所述，低专用性职位资本只能获得相对低水平的薪酬收入，“无奈”地沦为特殊债权资本。纺织服装企业薪酬是企业使用低专用性职位资本的利息支出。因此，本书将纺织服装企业对低专用性职位资本的薪酬对价视为利息费用。对于这些费用的处理，可按照职位部门的不同、制造成本法的要求以及《借款费用资本化》的规定将其直接计入当期损益或资本化为相关资产的成本。比如：纺织服装企业生产部门低专用性职位资本的薪酬支出作为利息费用可资本化为相关产品的生产成本，而其他部门低专用性职位资本的薪酬支出可直接冲减当期利润。所以，在利息费用化观点下，若这部分薪酬对价计入当期损益则直接减少企业利润；若资本化为纺织服装企业生产成本就必将通过分摊进入产品成本，并通过已销售产品成本影响当期损益，未销售的纺织服装产品形成企业的存货。同时，未分摊的生产成本将以在产品的形式成为企业的存货。由此可见，将纺织服装企业对专用性较低的职位资本薪酬支出成本费用化后，增加了纺织服装企业的成本费用，减少了利润，影响了其财务能力（即筹资、投资、收益分配能力）。

②视为职位资本参与企业剩余收益分配的结果——高专用性职位资本。依据杨瑞龙、周业安（1997）的观点，剩余索取权的实现要依赖相关控制权。从这一点看，高专用性职位资本具备拥有剩余索取权的条件。因此，企业对高专用性职位资本所支付的高额薪酬可视为股权性职位资本投资者参与剩余收益分配的结果，或者说是股权性职位资本所实现的权益。与财务资本不同的是，股权性职位资本参与剩余收益分配的方式是分期预先支付，以充分发挥高专用性职位资本的效能。因此，将高专用性职位资本所获取的高薪酬视为股权职位资本参与企业剩余收益分配而非利息费用，将会增加纺织服装企业业绩。这有利于发挥高薪酬对价的激励功效，

并能体现高专用性职位资本作为股权资本与财务股权资本共享剩余收益的契约关系，从而有利于实现高管职位资本价值与财务股权资本所有者目标之间的双赢。

此外，对于纺织服装企业介于高、低专用性之间的职位资本而言，可通过契约安排使其成为期股债权性职位资本。这部分职位资本从本质上首先具有债权资本的特征。但其薪酬对价水平要高于低专用性职位资本，且会依据这部分职位资本的努力程度及企业的业绩，逐步提高其薪酬对价水平。因此，这部分职位资本所获取的薪酬对价可视为利息费用，其股权资本地位实现后所增加的薪酬对价则作为剩余收益分配的结果。

③纺织服装企业高管薪酬对价的会计选择——视为参与企业剩余收益分配的结果。在坚持公允价值的前提下，通过比较纺织服装企业高管薪酬对价不同核算方法、相关的理论根源以及对会计信息的影响，从而根据纺织服装企业高管职位资本的权益属性核算薪酬对价，并将高专用性职位资本的薪酬对价非费用化将是最佳的选择。这将体现高专用性职位资本作为股权资本的权益属性。

（4）从薪酬折现法角度计量职位资本价值量的经济后果。1978 年斯蒂芬·泽夫在《“经济后果”的产生》一文中指出，经济后果是会计信息对利益相关者决策行为的影响。1997 年威廉姆·司可脱在《财务会计理论》一书中指出，经济后果是：不论有效证券市场理论的含义如何，会计政策的选择会影响公司的价值。实证会计学派的创始人瓦兹、齐墨尔曼从实证会计的三大假设——债务契约、报酬契约（又称为分红计划）以及政治成本角度论述了会计政策将影响企业绩效从而影响公司利益相关者的收益，并最终影响公司价值。经济后果学说告诉我们，会计政策的选择将产生相应的经济后果。因此，将职位资本纳入财务会计要素并从薪酬角度计量职位资本价值势必会对纺织服装企业内、外部利益相关者产生相应的经济后果。

①对债务契约的影响。纺织服装企业将各年薪酬对价折现为不同属性职位资本价值，并相应地增加企业职位资产的初始价值。这将会因职位资产的价值和不同属性职位资本权益总额增加而增加企业的资产总额以及所

有者权益总额。纺织服装企业的资产结构与资本结构得以优化，财务状况得以改观。企业偿债能力以及债务人权益保障程度提高，从而有利于企业履行债务契约。

②对报酬契约的影响。纺织服装企业将原先部分收益性的薪酬支出资本化将会减少企业的成本费用，增加企业的经营成果。同时，纺织服装企业将高专用性职位资本所获取的高薪酬对价视为股权职位资本参与企业剩余收益分配而非利息费用，也将会增加企业业绩。企业经营成果或业绩的增加必然会有利于报酬契约的履行。此外，将高专用性职位资本纳入股权资本范畴，并给予其相应的剩余收益索取权，这本身就是一种契约的合理安排，会更加有利于报酬契约的执行。

③对内外部利益相关者的影响。如前所述，将纺织服装企业原先部分收益性的薪酬支出资本化或视为股权职位资本参与企业剩余收益分配，将会全面优化会计信息。对内部利益相关者而言，会计信息的优化将会对经济主体及不同级别职位资本产生精神激励功效。对外部利益相关者而言，纺织服装企业向资本市场传达的利好信息将降低外部信息使用者对企业的风险预期，从而吸引更多的外部投资者，并将增强投资者对企业的信心，减少投资人的用脚投票行为。优化的会计信息也将降低政府接管企业的可能性。

④举例分析。

【例】假设表 3-1 是我国资本市场某一纺织服装企业的部分会计资料。拟利用该企业这些资料探讨薪酬折现计量职位资本价值的经济后果。

表3-1　某纺织服装企业部分会计资料（年报）

指标＼时间	2016-12-31	2015-12-31
流动资产（万元）	817226.21	558394.93
总资产（万元）	1131837.51	847675.18
股东权益（万元）	703909.84	578594.26

续表

指标　　　　时间	2016-12-31	2015-12-31
股本总额（万元）	133851.88	119647.24
高管薪酬总额（万元）	520	500
主营业务收入（万元）	2369692.45	1962283.12
利润总额（万元）	71304.26	46305.31
净利润（万元）	51048.66	31391.37
每股收益（元）	0.41	0.26
每股净资产（元）	4.60	4.84
发行在外普通股数	N	N

从该纺织服装企业所公告的财务报告中我们可以发现，该公司2016年、2015年全年高管薪酬分别为：520万元以及500万元。（依据2014新准则，这些高管薪酬数据应也在财务报告附注中披露）。

由于传统会计理论中企业高管薪酬直接计入期间费用，从而冲减当期损益。依本书观点，将高管薪酬支出全部折现为高管职位资本价值，并相应增加企业职位资产价值。与此同时，每期实际支付的高管薪酬对价视为参与企业剩余收益分配。

根据下述基本公式及所衍生的公式，我们可以估算该公司高管职位资本价值。

$$V_n = \sum_{t=1}^{n} \frac{I_t}{(1+r)^t}$$

由上述公式可见，假设该纺织服装企业决定于2015年起在财务报告中反映职位资本信息，并预计各年期望的高管薪酬支出为500万元。若适用于该企业的折现率为10%（假设当前资本市场的投资报酬率为10%），在企业持续经营假设下，企业的期望薪酬支出是一永续年金，所以根据前述计量方法则该公司的高管职位资本价值为：

$$V_n = \frac{I}{r}$$

所以 V_n=500 ÷ 10%=5000（万元）

需要说明以下两点：

其一，本例未采用企业薪酬固定增长模型计算高管职位资本价值的原因在于：首先，考虑到企业无法持续增加高管薪酬支出，因此，在保持企业价值增长的前提下，企业高管薪酬支出不可能以固定比例持续增长。其次，随着资本有机构成的不断提高，在企业高管总薪酬支出不变的前提下，企业对高管职位资本中某些人力资本个体薪酬支出有可能增加，而企业的高管职位资本规模有也可能减少。最后，从当前时点看，也许之前相对低的薪酬水平和之后相对提高的薪酬水平平均后会达到现在时点的薪酬水平。

其二，从可操作性角度看，该计量模型的可操作性远高于我国准则体系中某些规定，如采用未来现金流量现值确定资产的可回收净额等。究其原因在于：尽管该计量模型采用预计薪酬支出，但很容易取得未来各年的实际薪酬数据。因此，对于薪酬的实际支出与预计支出的差异可于实际支出发生时调整高管职位资产的价值以及相关高管职位资本权益，而不再调整高管职位资本的入账价值。本例中 2015 年预计高管薪酬支出为 500 万元，而实际支出也是 500 万元，所以无须调整相关权益。2016 年实际高管薪酬支出 520 万元比预计支出多 20 万元，此时可调增高管职位资产的价值 20 万元，同时调增相关高管职位资本权益（如资本公积——高管职位资本权益等）。相反，若该公司薪酬的实际支出低于预计水平时，则同时调减高管职位资产的价值以及相关高管职位资本权益。

以各年期望薪酬支出折现计量职位资本价值后，表中数据的变化如下：

表3-2 该纺织服装企业部分会计资料的变化（年报）

指标 \ 时间	2016-12-31	2015-12-31
总资产（万元）	1131837.51+5000+20	847675.18+5000
股东权益（万元）	703909.84+5000+20	578594.26+5000
股本总额（万元）	133851.88+5000	119647.24+5000
利润总额（万元）	71304.26+520	46305.31+500
净利润（万元）	51048.66+520×（1−R）	31391.37+500（1−R）
每股收益（元）	0.41+520×（1−R）÷N	0.30+500（1−R）÷N
每股净资产（元）	4.60+5200÷N	4.63+5000÷N

说明：上表中，2016年资产总额中所增加的20万元是2016年薪酬的实际支出高于预计支出的差异。此时，调增高管职位资产的价值20万元，同时调增高管职位资本权益（如资本公积——高管职位资本权益等）20万元。

我们从上表相关数据的变化可以发现采用薪酬折现计量高管职位资本价值的经济后果。表述如下：

就债务契约而言，采用上述薪酬折现法计量高管职位资本价值将使该企业2015年12月31日资产负债表中股权职位资本增加5000万元，同时，职位资产初始价值增加5000万元。当企业以后各年度实际高管薪酬支出与预计数有差异时，这种差异可直接调整职位资产价值以及相关高管职位资本权益，而不调整高管职位资本的入账价值。这符合资本保全原则。股权职位资本、职位资产价值增加后，该纺织服装企业资产负债比率、权益乘数、产权比率下降，偿债能力提高，财务状况全面优化。这也使长期游离于表外的职位资产、职位资本及其权益在表内得以充分反映，有利于债务契约的履行。

就报酬契约而言，将高管薪酬视为股权职位资本参与企业剩余收益分配的结果，并将薪酬折现为高管职位资本价值将增加该纺织服装企业

2015年税前利润以及净利润。税前利润增加数额取决于原高管薪酬支出总额。若该公司适用的所得税率为R，发行在外的普通股股数为N，则2015年税前利润将比传统会计模式下税前利润多500万元，净利润增加500万元 ×（1–R）；2016年税前利润将比传统会计模式下税前利润多520万元，净利润增加520万元 ×（1–R）。这种增加将降低该纺织服装企业的财务风险与经营风险。提高该公司的每股收益、每股净资产。进一步看，也可提高企业净资产收益率、销售利润率、存货周转率、应收账款周转率等指标。（若能取得实际的薪酬数据则可以算出这些指标值，本书不拟一一计算，但这种变化的利好方向是值得肯定的。）全面优化的业绩指标将会对经营者产生更大的激励效率，并会更加有利于报酬契约的履行。

如前所述，对企业内外部利益相关者的影响而言，上述全面优化的会计信息对内部利益相关者激励功效是不言而喻的。对外部利益相关者而言，优化的会计信息将向资本市场传达的利好信息，吸引更多的外部投资者，也将降低政府接管的可能。

最后，需要指出的是：本例由于无法取得该纺织服装企业不同级别职位资本完整的薪酬资料，从而仅计算了高管职位资本价值。在实务中可依据每一家企业实际的薪酬对价水平和职位资本权益属性来计量不同专用性职位资本价值，从而弥补传统报表只体现财务资本权益而无法反映职位资本权益的遗憾。

3.2.2.7 职位资本的会计记录

职位资本会计记录的理论基础是：企业是财务资本与职位资本共同订立的契约。尽管这种契约因缔约双方之间权利义务条款没有事前完全界定而具有不完备性。但是，缔约各方代表着不同的产权主体，从而由人力资本个体投资组合所形成的职位资本作为产权主体脱离了以财务资本为主体的控制，并改变了资本雇佣劳动的企业特征，也改了传统的“资产 = 负债 + 所有者权益”的会计平衡公式。职位资本成为企业重要的生产要素后，应当按照不同级别职位资本对企业贡献的大小，分别给予不同的权益属性

（如股权与债权属性）。从而应将职位资本所有者提到产权所有者的高度，并与债权人及股东同等地成为产权主体。据此，本书把职位资本纳入财务会计体系，将职位资本、财务资本都作为整个财务会计系统核算的对象。从而会计恒等式变为“财务资产 + 职位资产 = 负债 + 所有者权益 + 职位资本权益（包括职位债权资本以及股权职位资本权益）”。会计恒等式的变化将会在财务报告中直接体现企业涵括职位资产的资产结构以及涵括职位资本的资本结构，并能体现职位资本所有者的权益，从而改变当前“财务资本至上”的现象。

（1）职位资本会计记录的账户设置。职位资本会计记录的账户设置应本着简明、实用、具有可操作性，并可与现行会计准则衔接的原则。为此可设置如以下账户：

①“职位资产”账户。职位资源的占用形式表现为：“职位资产”，来源形式表现为：“职位资本”。

职位资产以职位资本为标志，以未来薪酬的现值为计价尺度。正如企业对提高自有固定资产使用性能的支出增加固定资产的账面价值一样，企业对职位资本内部人力资本个体的招聘培训、开发等方面的投资可直接增加职位资产的账面价值。

注意的问题：职位资产价值是否应该摊销？如果不摊销职位资产，将会使企业长期存在该资产，与摊销相比，企业业绩不会降低。若摊销，则摊销期的长短将会影响企业每期的费用，从而影响各期收益。笔者认为不应摊销，但可以计提减值准备。理由在于职位资本所有者具有“干中学”的优点，从而会增加相应的职位资产价值。也就是说，在现实生活中，企业职位资产价值未必会减少。所以，不摊销职位资产价值，而仅计提减值准备可真实地反映企业职位资本以及职位资产信息。

②“债权性职位资本”账户和“股权性职位资本”账户。职位资本对应于职位资产，它代表人力资本个体所有者投入企业形成的人力资本组合。职位资本的所有者作为企业的投资者，应按照职位资本的专用型差异给予其不同的权益属性。具有股权性质的高级别职位资本所有者有权参与

企业的生产经营决策以及参与企业的剩余收益分配，同时承担亏损。对于低级别职位资本可给予债权性资本权益属性。因此，通过设置“债权性职位资本”账户和“股权性职位资本”账户，将薪酬折现法所确定的职位资本价值记录于不同权益属性的职位资本，从而真实地反映企业不同属性职位资本价值。

③“应付利润—应付股权职位资本利润”账户。在原“应付利润”账户核算的基础上增设明细科目——“应付股权性职位资本利润”。该明细账户的数额可比照以薪酬折现法确定股权性职位资本的价值时，以其占总资本的比例乘以企业利润分配总数求得。对于债权性职位资本则不必设置此账户，因为该属性职位资本所获得薪酬被视为企业对债权性职位资本的利息支出。

④“资本公积—股权职位资本权益”账户。可比照原先的资本公积，增设明细科目——“股权性职位资本权益”，反映企业资本公积中属于股权性职位资本权益的变动。

（2）职位资本的会计记录。本书主张：当职位资本所有者对纺织服装企业投资时，根据上述计量方法所确定的职位资本价值，按照不同的权益属性安排分别借记“职位资产”，贷记“债权性职位资本”或“股权性职位资本”账户。

企业每年的实际薪酬支出与原先的预计值之间的差额可调整“职位资产”及其“资本公积—股权性职位资本权益”，而不调整股权性职位资本相关账户。这样处理符合资本保全原则。当实际薪酬支出大于原先预计值时应借记“职位资产”，贷记“资本公积—股权性职位资本权益”；反之，则做相反分录，即借记“资本公积—股权性职位资本权益”，贷记“职位资产”。

本书认为，企业每年的实际薪酬支出与预计值之间的差额主要来源于高专用性职位资本，而非低专用职位资本。因为高专用性职位资本的薪酬对价水平波动较大；而低专用性职位资本只能获得相对固定的低水平薪酬，其薪酬契约相对固定。低专用性职位资本即便实际薪酬收入与原先的预计值有差额，依据经济学中的工资刚性假设，一般情况下也表现为实际薪酬大于预计值。因此，本书将企业每年的实际薪酬支出与原先的预计值之间的差额调整“职位资产”及“资本公积—股权性职位资本权益”账户。

当纺织服装企业发生对职位资本内部人力资本个体培训、开发等支出时，作为资本化支出，直接增加职位资产，即借记“职位资产”，贷记“银行存款”。

当纺织服装企业利润分配时，按股权职位资本的薪酬比例计算应分给股权职位资本的利润，借记“利润分配—应付利润”，贷记“应付利润—应付股权性职位资本利润”账户。实际分派利润时，借记“应付利润—应付股权性职位资本利润”，贷记“现金（或银行存款）”账户。

当纺织服装企业经营终止清算时，可借记“股权性职位资本”、“资本公积—股权性职位资本权益”“债权性职位资本”，贷记“职位资产”等账户。

人力资本个体流动时只需在备查簿中登记，人事部门也会有相应记录。重要的人事变更应在财务报表附注中披露。

以上述某一纺织服装企业的高管薪酬为例阐述高管职位资本的会计记录。假设该纺织服装企业决定于 2015 年起在财务报告中反映高管职位资本信息，并预计各年期望的高管薪酬支出为 500 万元。若适用于该企业的折现率为 10%（假设当前资本市场的投资报酬率为 10%）。所以根据前述计量方法所确定的该公司的高管职位资本价值为：V_n=500 ÷ 10%=5000（万元）。

2016 年年初该公司依据上述核算数据，增加“职位资产”账户 5000 万元以及“股权性职位资本”账户 5000 万元。由于本年高管薪酬的实际支出与预计相同，所以无须调整职位资产及相关股权职位资本权益。计算应付 2015 年高管薪酬 500 万元时，减少“利润分配——未分配利润”账户 500 万元，同时增加“应付利润——应付股权性职位资本利润”账户 500 万元。企业实际支付高管薪酬时则减少“应付股权性职位资本利润”

账户 500 万元，减少“银行存款”账户 500 万元。

需要说明的是：在实务处理时，每期薪酬支付可先作为预付款，年终时再转为收益分配。本例只阐述基本核算原理，不拟展开，故简便处理。

2016 年高管薪酬的实际支出 520 万元大于预计支出 500 万元，则应调增职位资产及相关股权职位资本权益，即增加“职位资产”账户 20 万元，增加“资本公积——股权性职位资本权益”账户 20 万元。

若 2016 年高管薪酬的实际支出 490 万元而小于预计支出 500 万元时，则应调减职位资产及相关股权职位资本权益，即减少“职位资产”账户 10 万元，减少“资本公积——股权性职位资本权益”账户 10 万元。

假设该纺织服装企业决定于 2015 年起在财务报告中反映非高管职位资本信息，并预计各年期望的非高管薪酬支出为 800 万元（假设实际支出与预计数一致）。若适用于该企业的折现率为 10%（假设当前资本市场的投资报酬率为 10%）。所以根据前述计量方法所确定的该公司的高管职位资本价值为：V_n=800 ÷ 10%=8000（万元）。

2015 年年初依据上述核算数据，同时增加“职位资产”账户 8000 万元以及“债权性职位资本”账户 8000 万元。计算应付 2015 年非高管薪酬 800 万元时，增加利息费用（财务费用、生产成本等）800 万元，并增加“应付利息——应付债权性职位资本利息”账户 800 万元。企业实际支付非高管薪酬时，减少“应付利息——应付债权性职位资本利息”账户 800 万元，同时减少“银行存款”账户 800 万元。

从上述处理过程可见，纺织服装企业职位资本及薪酬对价信息可进入财务会计信息系统。

3.2.2.8 职位资本的信息披露

（1）职位资本信息披露的现状。当前很多学者（如张文贤、葛家澍、杜兴强等）建议将人力资本纳入财务报告体系，并在资产负债表中体现人力资产与人力资本，在利润表中体现企业对人力资本的支出。由此可见，作为人力资本组合的职位资本可在财务报表中体现。本书沿着上述学者的思路，探讨职位资本的会计信息披露问题。

（2）披露职位资本及其结构信息的重要性。与纳入财务报告的人力资本信息中不同的是，按照职位资本的不同权益属性披露相关信息体现了职位资本及结构。这将使外部投资者了解企业管理结构的合理性以及软实力。管理结构及软实力在一定程度上决定了企业以后各期的获利能力及经营前景，并有助于股东目标的实现。另一方面，职位资本及其结构信息能促进企业内部职位资本的合理配置以及人力资本个体的合理流动，从而达到职位资源配置的最优化。

（3）如何披露职位资本及其结构信息。尽管 2008 年 10 月 IASB 与 FASB 联合发布了《财务报表列报初步意见》讨论稿，但从中国的基本国情看，因新准则体系尚未得以全面执行，所以，短期内我国财务报表列报的基本格局不会有所变化。就职位资本及其结构的信息披露而言，这些信息可嵌合于当前的财务报表及其附注中。涵括职位资本的财务报表总体结构与现行的企业对外财务报表相类似，在此仅就涵括职位资本的资产负债表及利润表以及所有者权益变动表及财务报表附注作一简单说明。

①涵括职位资本及其结构的资产负债表。涵括职位资本的资产负债表编制的依据是会计平衡公式："财务资产 + 职位资产 = 负债 + 所有者权益 + 职位资本权益（包括职位债权资本以及股权职位资本权益）"。

在此表中，资产项目下的非流动资产项目中可增加"职位资产"项目。从会计恒等式的右方看，可按不同级别职位来披露职位资本会计信息，职位级别不同，其所获得的资本权益也就不同。因此，企业采用前述方法计算出每一级别职位资本价值后可按不同级别职位资本权益属性（即：债权职位资本和股权职位资本）分别列示为长期负债（债权职位资本）或股权资本（股权职位资本），分别增设"债权职位资本""股权职位资本"以及"资本公积—股权职位资本权益"。同时，在"股权职位资本"项目下设置明细项目，如高管职位资本价值总额、董事长职位、副董事长职位、总经理职位、副总经理职位、财务总监职位、独立董事职位以及董秘职位资本价值等。资产项目下的非流动资产项目中可增加"职位资产"

项目，所有者权益项目下可增加“股权性职位资本”和“资本公积—股权性职位资本权益”，从而反映职位资本权益，突显职位资本对企业的经济贡献。涵括职位资本后资产负债表见表 3–3。

表3–3　涵括职位资本后的资产负债表

资产负债表

编制单位：　　　　　　　　　　年　月　日　　　　　　　单位：元

资产	期末余额	年初余额	负债和所有者权益	期末余额	年初余额
流动资产：			流动负债：		
……			……		
其他流动资产			其他流动负债		
流动资产合计			流动负债合计		
非流动资产：			非流动负债：		
……			……		
职位资产			职位债权资本		
			非流动负债合计		
			负债合计		
			职位股权资本权益：		
			高管职位资本价值总额：		
			董事长职位资本价值		
			副董事长职位资本价值		
			总经理职位资本价值		
			副总经理职位资本价值		
			财务总监职位资本价值		
			独立董事职位资本价值		
			董秘职位资本价值		
			资本公积—股权性职位资本权益		
			财务资本所有者权益（或股东权益）		
……			……		
非流动资产合计			所有者权益合计		
资产合计			负债和所有者权益合计		

我们从表 3–3 可见，该资产负债表可直接了解纺织服装企业涵括职位资产的资产结构以及涵括职位资本的资本结构。众所周知，企业的资产结构决定了企业的经营风险，而资本结构决定了企业的财务风险。一般而言，资产结构中流动资产的比重越低，则经营风险越高，反之，则经营风险越低。资本结构中债务资本的比重越高，则财务风险越高，反之，则财务风险越低。因此，将职位资本纳入资产负债表不仅提供职位资本的相关信息，而且能反映企业真实的风险水平。

以上述某企业核算过程为例，说明资产负债表的变化。上例中所确认职位资产总额为 13000 万元，职位资本总额 13000 万元（其中股权性职位资本 5000 万元，债权性职位资本 8000 万元）。当实际支付当年薪酬 1300 万元时，资产负债表中货币资产减少 1300 万元，所有者权益减少 500+800–C（C 为利息费用中资本化的部分）。资本化资产增加 C。本例为简便起见，未考虑所得税因素。职位资本纳入资产负债表后可能的变化过程见表 3–4。

表3–4 职位资本纳入资产负债表后财务状况的变化过程

	资产	负债	所有者权益
职位资本入账时	13000	8000	5000
支付高管薪酬后	–500		–500
支付非高管薪酬后	C–800		–（800–C）
合计	13000–1300+C	8000	5000–1300+C

由上述变化过程可见，将职位资本纳入财务报告并没有改变报表的平衡关系。若考虑所得税因素，这种平衡关系依然不会改变。

②职位资本纳入财务会计要素后的利润表。职位资本纳入会计要素后，纺织服装企业对职位资本的支出作为职位资本的要素对价，而非全部计入当期损益。依据本书的观点，按照职位资本权益属性的差异将低专用性职位资本所获取的薪酬对价作为利息费用，高专用性职位资本所获取的

薪酬对价视为剩余收益分配。由于现有准则对于股权性职位资本的薪酬对价作为管理费用列支，因此原先利润表上期间费用中属于职位资本的支出应予扣除。从而，职位资本纳入会计要素后，利润表中综合收益大于传统会计所计算的净收益。

从表 3–5 可见：职位资本纳入会计要素后，利润表中期间费用的总额减少，期间费用结构将会发生变化。表现为管理费用大幅度下降，财务费用会有所增加。营业利润、净利润以及每股收益等都会不同程度地增加。

表3–5　将职位资本纳入财务会计后的利润表

利润表

编制单位：　　　　　　　　　　年度　　　　　　　　　　单位：元

项目	本年金额	上年金额
一、营业收入		
减：营业成本		
……		
管理费用（该费用将比传统利润表少）		
财务费用（该费用将比传统利润表多）		
……		
投资净收益（净损失以“–”号填列）		
二、营业利润（亏损以“–”号填列）		
……		
三、利润总额（亏损总额以“–”号填列）		
减：所得税		
……		
四、综合收益		
五、每股收益		
（一）基本每股收益（该项目将比传统利润表多）		
（二）稀释每股收益（该项目将比传统利润表多）		

以上述该纺织服装企业核算为例，说明利润表的变化。上例中所确认

的薪酬支出 1300 万元。其中，作为收益分配的高管薪酬 500 万元，作为成本费用的非高管薪酬 800 万元。利息费用中资本化的部分为 C。因此，利润表中管理费用将减少 500 万元，而财务费用将增加 800–C 万元。职位资本纳入利润表后可能的变化过程见表 3–5 与表 3–6。

表3–6　利润表变化过程

项目	金额
……	
管理费用（该费用将比传统利润表少）	–500
财务费用（该费用将比传统利润表多）	800–C
……	

③涵括职位资本的所有者权益变动表。由于当前所有者权益变动表仅反映股权性财务资本的变动，并没有体现股权职位资本权益及其变动。因此，涵括职位资本的所有者权益变动表中也应当反映股权性职位资本所有者权益的变动，包括股权性职位资本的变动以及其他归属于股权性职位资本权益的变动。涵括职位资本的所有者权益变动表见表 3–7。

表3–7　将职位资本纳入财务会计后的所有者权益变动表

	股权财务资本权益	…	股权性职位资本权益	所有者权益合计	股权财务资本权益	股权性职位资本权益	…	所有者权益合计
一、上年年末余额								
……								
二、本年年初余额								
三、本年增减变动金额								

续表

	股权财务资本权益	…	股权性职位资本权益	所有者权益合计	股权财务资本权益	股权性职位资本权益	…	所有者权益合计
（一）本年净利润								
（二）直接计入所有者权益的利得和损失								
……								
（三）所有者投入资本								
……								
（四）本年利润分配								
1. 对所有者（或股东）的分配								
2. 提取盈余公积								
（五）所有者权益内部结转								
……								
股权性职位资本权益：								
股权性职位资本								
资本公积——股权性职位资本权益								
四、本年年末余额								

④涵括职位资本的财务报表附注。就财务报表附注而言，国际通行的做法是鼓励企业增加自愿披露。中国证监会2007年修订的《公开发行证券的公司信息披露编报规则第15号——财务报告的一般规定》也要求：凡对投资者进行投资决策有重大影响的财务信息，公司均应予以充分披露。由于职位资源存在着有别于财务资源的特殊性，其信息披露过程比财务资源复杂。这就需要借助财务报表附注补充职位资本信息。涵括职位资

本的财务报表附注除了现有的附注要求外，还可提供如下信息：

a. 职位资本所使用的主要价值计量方法。

b. 不同级别职位资本的聘用政策、方法及其变更。

c. 高管职位资本的组成及其他重大的高管职位资本内部人事变动事项等。

职位资本价值确定方法解决了职位资本计量难题。披露职位资本所使用的主要价值计量方法将使信息需求者理解职位资本价值信息。

披露不同级别职位资本所使用的聘用政策、方法及其变化将能体现企业人事政策的市场化程度，从而使企业利益相关者了解企业人事政策，尤其是高管选聘过程中的市场化程度，判断企业高管的竞争性和价值创造能力。

高管职位资本的组成及其他重大的高管职位资本内部人事变动事项等方面的信息将会影响高管职位资本结构及其服务效能，因此应在附注中披露。

3.3 纺织服装企业职位资本及薪酬对价会计选择的路径之二：纳入管理会计体系

由于人力资本价值可成为管理会计信息范畴早已是不争的事实，因此，作为人力资本组合的职位资本可纳入管理会计体系。总体看，在此系统中可包括高管职位资本价值以及为企业创造和增加价值的预测、不同专用性职位资本及结构的计划、控制以及相关职位责任的明晰与完善等。

本书前述不同权益属性职位资本及其价值均可成为管理会计信息内涵。依据国际会计师联合会的观点，这些信息应有利于职位资本价值与股东目标的相得益彰。当前管理会计系统尚未形成统一的范式，各种预测、决策、规划与控制方法也无一致的标准。这给本项目研究主题留下了较多想象空间。本书将从职位资本角度探讨纺织服装企业人力资本管理会计方法——对纺织服装企业职位资源合理配置、职位资本的控制、职位资本治理、职位资本业绩考核、评价和报告，从而提高纺织服装企业职位资本价值，并完善当前管理会计体系。下文拟将纺织服装企业职位资本各类管理会计方法独立成章，分别探讨其管理会计方法。

3.4 本章小结

本章探讨了纺织服装企业职位资本及薪酬对价会计选择的两种路径：纳入财务会计体系或成为管理会计信息系统。在此基础上，本章采取列举的方法，论述了职位资本财务会计体系并从人力资本会计学者的主张入手，分析了职位资本纳入财务会计体系的原因、探讨职位资本纳入财务会计体系后的相关理论、并着力进行了解决人力资本流动性、人力资本的产权归属以及参与收益分配等悬而未决问题，从而为当前人力资本会计研究提供了新视野。

因本书拟从职位资本角度探讨纺织服装企业人力资本管理会计方法。而目前尚未形成统一的范式，各种预测、决策、规划与控制方法也无一致的标准。因此，本书将从纺织服装企业职位资源合理配置、职位资本的控制、职位资本治理、职位资本业绩考核、评价和报告等方面探讨纺织服装企业职位资本管理会计方法，从而提高纺织服装企业职位资本价值，并完善当前管理会计体系。

4

纺织服装企业职位治理：从人本管理到职位治理——人力资源管理的新视角

Chapter 4

人本管理的核心在于激励人、开发人的潜能，以提高人力资源利用效率。该模式突出个体人在管理中的地位、力求实现以人为中心的管理。然而，纺织服装企业内部的人力资源个体隶属于企业不同级别职位。各级职位凝聚了不同人力资源个体的组合。人本管理忽视了人力资源引进与开发、薪酬管理与激励、绩效管理、培训等环节都离不开其所处职位。本书以此为切入点，针对当前人本管理的不足，从职位治理角度探讨如何实现从以人为中心的管理向以职位治理为中心的管理转变，从而提高纺织服装企业人力资源管理效能。

4.1 从人本管理到职位治理的必要性

十八届三中全会提出全面推进国家治理体系和治理能力现代化，从而为我国市场经济、民主政治、先进文化、和谐社会和生态文明的建设和发展提供保障。微观层面看，作为市场主体构成的纺织服装企业内部也应推进治理体系和治理能力现代化，从而实现纺织服装企业价值最大化目标。实现纺织服装企业价值的路径在于提高纺织服装企业管理水平，人本管理则是发挥纺织服装企业管理效率的途径。

所谓人本管理即“以人为本”的管理。其以依赖人、尊重人、激励人、开发人的潜能实现人力资源的效能。然而，纺织服装企业内部的人力资源个体隶属于纺织服装企业不同级别职位。各级职位是凝聚了不同人力资源个体的组合，是纺织服装企业重要的资源。人本管理忽视了人力资源引进与开发、薪酬管理与激励、绩效管理、培训等环节都离不开其所处不同级别职位及其治理。这是因为纺织服装企业内部不同级别职位之间、同一级别职位内部人力资源个体之间存在紧密依存、相互联系的管理关系。职位治理与人本管理的不同之处在于其管理视野不局限于人，而是将人纳入不同级别职位、将人视为职位系统的个体。因此，要实现纺织服装企业人本管理，首要的管理是职位治理——将不同级别职位内部的人与制度管理结合，确保每一级别职位内部的人本管理在制度框架运行。职位治理包括纺织服装企业内部不同级别职位配置、职位结构、同一级别职位内部人力资源个体与群体的关系、不同级别职位及其内部人力资源的激励机制等。从人本管理到职位治理是实现“以人为中心的管理”向“以职位治理为中心”的管理转变，不仅是提升纺织服装企业治理能力的需要，也是提高纺织服装企业人力资源管理效能的需要。

4.2 纺织服装企业职位治理方法

从本质上看，纺织服装企业职位治理涉及企业内部不同级别职位资源的配置以及协调不同级别职位权责的一整套不同级别职位权力分配和制衡与激励机制。纺织服装企业职位治理的内涵不仅包括各级别职位内部人力资源规划、人员招聘选拔、人员配置、薪酬管理与激励、绩效管理、员工培训与开发等环节．还应涵括纺织服装企业总体的职位规划、职位结构、不同级别职位的权责分配、激励力度、激励措施等方面。循此思路，职位治理的路径主要在于以下几方面：

4.2.1 合理规划纺织服装企业职位、优化职位配置

本书主张从战略、纺织服装企业资源配置方式以及职位治理数据三方面规划纺织服装企业职位、优化职位配置，具体内容如下：

4.2.1.1 以战略为指引合理规划职位

纺织服装企业职位配置的目标是“职尽其用，人尽其能”、各级职位之间上下协调、步调一致。这必然需从企业战略角度规划职位设计、优化纺织服装企业组织架构、治理结构与治理体系，统筹协调纺织服装企业内部不同级别职位资源配置，实现组织内部各级别职位之间的系统性、整体性、协同性。

从职位的规划过程看，职位规划以纺织服装企业战略为引导，依据纺织服装企业战略目标、组织结构特点分解各战略单元目标。依据各战略单元目标及各部门的职责和业务流程设计职位。依据各级职位岗位责职、所需技术水平、人力资源个体的能力等在各职能部门中合理分配人力资源。在此基础上，明确纺织服装企业销售、生产、分配以及投融资等职位部门的年度经营计划，进而据以落实分目标，加以执行和控制，全面实现纺织服装企业战略目标。

4.2.1.2 通过纺织服装企业的企业家才能配置职位资源

就资源配置方式而言，市场通过价格信号引导各类资源的流向，实现配置效率；而企业内部配置资源无法采用价格机制，只能依据企业家才能。“做大做强”与建立私人王国是企业家才能的体现（熊彼特，1912），通过企业家才能创建商业帝国也是企业家的梦想。因此，纺织服装企业内部无法以价格信号为引导，只能依赖纺织服装企业的企业家才能合理配置级别职位，通过优化职位资源配置效能提高企业各类资源（包括财务与非财务资源）利用效率，实现纺织服装企业价值最大化。

4.2.1.3 借助职位治理的动态数据指导职位配置的持续优化

2015 年 8 月 31 日，国务院印发有关《促进大数据发展行动纲要》明确指出：大数据正日益对全球生产、流通、分配、消费活动以及经济运行机制、社会生活方式和国家治理能力产生重要影响。就企业层面而言，为了提高职位治理效率，纺织服装企业不妨建立内部职位数据信息，包括职位的总体规划数据；纺织服装企业不同级别职位资源结构数据；不同级别职位的职位目标、岗位责职数据；纺织服装企业对不同级别职位的投入数据等。

职位规划数据将优化各类职位配置、引导纺织服装企业生产组织方式的创新；纺织服装企业不同级别职位结构数据将向数据使用者传递纺织服装企业职位治理规范化信息，体现纺织服装企业职位配置是否存在职位过载或不足现象；纺织服装企业不同级别职位的职位目标、岗位责职数据不仅能把每一级别的岗位职责纳入企业的整个制度体系当中，也能成为各级职位内部人力资源的业绩考核标准；纺织服装企业对不同级别职位的投入数据（包括薪酬、各项福利以及赋予各级职位资源的股票期权）等不仅能展现各级职位资源的耗费水平，而且也能成为纺织服装企业调整人力资源政策的依据。即利用这些数据权衡各类职位支出的合理化程度，并不断调整不同级别人力资源的福利水平，避免出现人才流失、影响纺织服装企业生产经营效率的情形。通过上述数据引领纺织服装企业各级职位部门优化配置、合理分工，实现纺织服装企业技术、物质、资金、人才的合理流动，促进纺织服装企业内部职位资源的协作化和高效化，从而实现纺织服装企业价值最大化目标。

4.2.2 规范纺织服装企业职位激励约束机制、提高职位治理水平

规范纺织服装企业职位激励约束机制是提高职位治理水平，实现纺织服装企业目标的关键。纺织服装企业价值最大化目标的实现离不开各级职位及其内部人力资源团队的努力。各级职位是由不同专用性水平的人力资源个体组成。激励约束机制必然会影响这些人力资源团队及个体的行为。

规范纺织服装企业职位激励约束机制，必须以纺织服装企业战略及各级别职位目标的实现与否作为激励约束的依据。纺织服装企业战略及职位目标指明了各级职位及人力资源团队努力的方向，而激励约束机制不仅鼓励纺织服装企业各级职位内部人力资源团队更有效地实现企业目标，而且能避免这些人力资源团队偏离纺织服装企业目标。这就要求对纺织服装企业各级职位目标制定、执行与控制、考评与激励等过程中责、权、利关系的全面规范，将纺织服装企业职位激励约束机制具体化、数量化、明晰化。

纺织服装企业职位激励约束的具体指标体系可在当前人力资源个体考评指标的基础上，增加纺织服装企业不同级别职位（即内部人力资源团队）业绩考评指标。从可操作层面看，纺织服装企业可将各级别职位分类成各责任中心（如成本中心、收入中心、利润中心、投资中心等）。成本中心以各级职位部门的职位内部人力资源团队的成本（即纺织服装企业对不同级别职位的各类投入）节约额和节约率作为考核指标，其他产生收益的各类职位部门以纺织服装企业的投入与其职位目标实现程度的比值来计算业绩考核指标。每一经营年度结束时，结合纺织服装企业战略目标，下达来年各职位部门业绩考核指标。纺织服装企业可成立业绩考核委员会，以这些业绩考核指标来控制和约束各职位部门的行为；及时分析、调整和纠正各级职位部门执行偏差，依据市场环境采取相关措施修正各业绩指标；以各级业绩考核指标的完成程度作为评价各级职位部门、人力资源团

队及个体工作的标准。在确定纺织服装企业每一级别职位激励力度的基础上，细化各级职位内部人力资源个体的激励力度。具体的激励方式可由纺织服装企业企业依据行业属性、企业自身业绩等来设计，在此不再一一赘述。

4.3 本章小结

从人本管理到职位治理实现了从人为中心的管理到以职位为中心的管理思维转变。从纺织服装企业组织内部结构看，职位不仅是依据纺织服装企业组织目标需要设立的、具有一定工作量的单元，而且是凝聚了人力资源个体的集合。纺织服装企业职位治理既涵括了人本管理，又拓展了人本管理的外延——职位（即凝聚了人力资源个体的组合）。从人本管理到职位治理是推进纺织服装企业治理能力现代化的需要。本书针对当前人本管理的不足，探讨了实施职位治理的路径，从而试图提高人力资源管理效能及公司治理水平。

5

纺织服装企业职位资源控制

Chapter 5

纺织服装企业职位配置的合理与否，势必会影响人力资源引进、开发与管理等控制。然而，我国所规范的内部控制整体框架体系中，有关人力资源的控制更多侧重于对人力资源实体流（即人力资源引进与开发、在企业内部的配置、使用与退出管理等）的控制，未能从人力资源所处职位的角度识别控制风险、设计控制活动。本书以此为切入点，针对当前人力资源控制存在的缺陷，从职位资源角度探讨纺织服装企业人力资源控制的优化，从而减少设计缺陷、提高控制效率。

5.1 从人力资源控制到职位资源控制之一：视角转换与效率变迁

纺织服装企业职位配置的合理与否，势必会影响人力资源引进、开发与管理等控制。然而，我国所规范的内部控制整体框架体系中，有关人力资源的控制更多侧重于对人力资源实体流（即人力资源引进与开发、在企业内部的配置、使用与退出管理等）的控制，未能从人力资源所处职位的角度识别控制风险、设计控制活动。本书以此为切入点，针对当前人力资源控制存在的缺陷，从职位资源角度探讨纺织服装企业人力资源控制的优化，从而减少设计缺陷、提高控制效率。

5.1.1 人力资源控制的一般理论

之所以需要对人力资源进行控制，其主要原因是人力资源的稀缺性。众所周知，所有的企业及组织都是在一个资源有限的环境中运行。企业及组织目标实现程度取决于现有的资源利用效能。理论上看，制定人力资源内部控制必须确保企业人力资源效能的充分发挥，能取得高质量的资源（经济性）和防止不必要的多余的工作和浪费（效率）。一个组织能够经济地取得人力资源，但可能因缺乏必要的训练和不合适的生产计划而使得工作效率很低。企业管理当局必须建立政策和程序来提高人力资源运作的经济性和效率，并建立运作标准来进行监督。

我国企业内部控制应用指引《第 3 号——人力资源》指出，为了促进企业加强人力资源建设，充分发挥人力资源对实现企业发展战略的重要作用，根据有关法律法规和《企业内部控制基本规范》，制定人力资源控制指引。这里所称人力资源，是指企业组织生产经营活动而录（任）用的各种人员，包括董事、监事、高级管理人员和全体员工。

5.1.1.1　企业人力资源管理至少应当关注下列风险

（1）人力资源缺乏或过剩、结构不合理、开发机制不健全，可能导致企业发展战略难以实现。

这一风险侧重于企业决策层和执行层的高管人员。在现代企业中，决策层和执行层对于实现企业发展战略具有十分重要的作用。因此，企业人力资源管理应当关注这一重要风险领域，只有这样，才能抓住“牛鼻子”。也就是说，在企业发展过程中，应当通过发展战略的制定与实施，不断验证决策层和执行层的工作能力和效率。如果发现重大风险，或对经营不利，应当及时评估决策层和执行层的高管人员是否具备应有的素质和水平。

在对决策层和执行层高管团队的评估考核过程中，如果发现有不胜任岗位工作的，应当通过有效方式及早加以解决，避免企业面临崩溃或走向消亡。当然，也不完全限于高管人员，其他人员缺乏和过剩、结构不合理等，也可能影响企业实现发展战略。

（2）人力资源激励约束制度不合理、关键岗位人员管理不完善，可能导致人才流失、经营效率低下或关键技术、商业秘密和国家机密泄露。

这一风险侧重于企业的专业技术人员，特别是掌握企业发展命脉核心技术的专业人员。掌握企业核心技术或商业秘密，甚至国家秘密的专业人才，是企业在激烈竞争中立于不败之地的关键“资本”。就实现发展战略而言，核心专业人才的流失，无疑会给企业的正常运作和长远发展带来巨大隐患，同时也会对人力资源造成巨大损失。为了留住核心专业人才，企业要有容纳人才共同创造价值的企业文化和环境；要有识才的慧眼、用才的气魄、爱才的感情；要知人善任，相信人才、依靠人才，做到用人不疑，疑人不用。特别是，面对科学技术日新月异的飞速发展，要不断更新专业技术人员的知识结构，紧密结合企业技术攻关及新技术、新工艺和新产品开发，开展各种专业培训等继续教育，帮助专业技术人员不断补充、拓宽、深化和更新知识。与此同时，还要建立良好的人才激励约束机制，做到以事业、待遇、情感留人与有效的约束限制相结合。企业对于掌握或涉及产品技术、市场、管理等方面关键技术、知识产权、商业秘密或国家机密的工作岗位的员工，要按照国家有关法律法规并结合企业实际情况，加强管理，建立健全相关规章制度，防止企业的核心技术、商业秘密和国家机密泄密，给企业带来严重后果。

（3）人力资源退出机制不当，可能导致法律诉讼或企业声誉受损。

这一风险侧重于企业辞退员工、解除员工劳动合同等而引发的劳动纠纷。为了避免和减少此类风险，企业应根据发展战略，在遵循国家有关法律法规的基础上，建立健全良好的人力资源退出机制，采取渐进措施执行退出计划。在具体执行过程中，要充分体现人性化和柔性化。

企业应当重视人力资源建设，根据发展战略，结合人力资源现状和未来需求预测，建立人力资源发展目标，制定人力资源总体规划和能力框架体系，优化人力资源整体布局，明确人力资源的引进、开发、使用、培养、考核、激励、退出等管理要求，实现人力资源的合理配置，全面提升企业核心竞争力。

5.1.1.2　就人力资源的引进与开发而言，指引要求

（1）企业应当根据人力资源总体规划，结合生产经营实际需要，制定年度人力资源需求计划，完善人力资源引进制度，规范工作流程，按照计划、制度和程序组织人力资源引进工作。

（2）企业应当根据人力资源能力框架要求，明确各岗位的职责权限、任职条件和工作要求，遵循德才兼备、以德为先和公开、公平、公正的原则，通过公开招聘、竞争上岗等多种方式选聘优秀人才，重点关注选聘对象的价值取向和责任意识。企业选拔高级管理人员和聘用中层及以下员工，应当切实做到因事设岗、以岗选人，避免因人设事或设岗，确保选聘人员能够胜任岗位职责要求。企业选聘人员应当实行岗位回避制度。

（3）企业确定选聘人员后，应当依法签订劳动合同，建立劳动用工关系。企业对于在产品技术、市场、管理等方面掌握或涉及关键技术、知识产权、商业秘密或国家机密的工作岗位，应当与该岗位员工签订有关岗位保密协议，明确保密义务。

（4）企业应当建立选聘人员试用期和岗前培训制度，对试用人员进行

严格考察，促进选聘员工全面了解岗位职责，掌握岗位基本技能，适应工作要求。试用期满考核合格后，方可正式上岗；试用期满考核不合格者，应当及时解除劳动关系。

（5）企业应当重视人力资源开发工作，建立员工培训长效机制，营造尊重知识、尊重人才和关心员工职业发展的文化氛围，加强后备人才队伍建设，促进全体员工的知识、技能持续更新，不断提升员工的服务效能。

5.1.1.3 就人力资源的使用与退出而言，指引要求

（1）企业应当建立和完善人力资源的激励约束机制，设置科学的业绩考核指标体系，对各级管理人员和全体员工进行严格考核与评价，以此作为确定员工薪酬、职级调整和解除劳动合同等的重要依据，确保员工队伍处于持续优化状态。

（2）企业应当制定与业绩考核挂钩的薪酬制度，切实做到薪酬安排与员工贡献相协调，体现效率优先，兼顾公平。

（3）企业应当制定各级管理人员和关键岗位员工定期轮岗制度，明确轮岗范围、轮岗周期、轮岗方式等，形成相关岗位员工的有序持续流动，全面提升员工素质。

（4）企业应当按照有关法律法规规定，结合企业实际，建立健全员工退出（辞职、解除劳动合同、退休等）机制，明确退出的条件和程序，确保员工退出机制得到有效实施。企业对考核不能胜任岗位要求的员工，应当及时暂停其工作，安排再培训，或调整工作岗位，安排转岗培训；仍不能满足岗位职责要求的，应当按照规定的权限和程序解除劳动合同。企业应当与退出员工依法约定保守关键技术、商业秘密、国家机密和竞业限制的期限，确保知识产权、商业秘密和国家机密的安全。企业关键岗位人员离职前，应当根据有关法律法规的规定进行工作交接或离任审计。

（5）企业应当定期对年度人力资源计划执行情况进行评估，总结人力资源管理经验，分析存在的主要缺陷和不足，完善人力资源政策，促进企业整体团队充满生机和活力。

从上述我国内部控制框架体系有关人力资源的控制指引可见，相关人

力资源控制侧重于对人力资源实体流（即人力资源引进与开发、在企业内部的配置、使用与退出管理等）的控制，未能从人力资源所处职位的角度识别控制风险、设计控制活动。下文以此为切入点，针对当前人力资源控制存在的缺陷，从职位资源角度探讨纺织服装企业人力资源控制的优化。

5.1.2 人力资源控制视角的转换——职位资源控制

从组织内部结构看，职位不仅是依据组织目标需要设立的、具有一定工作量的单元，而且是凝聚了人力资源个体的组合。纺织服装企业内部不同级别职位作为稀缺程度各异的生产要素，其目的都是为企业创造价值。这种生产要素是在组织目标下，凝聚纺织服装企业劳动力、技术、管理水平的客观存在，因此理应视为纺织服装企业的资源——职位资源。与人力资源不同的是，职位资源是凝聚了不同专用性人力资源的团队。职位资源来源于职位资本，其占用形态是职位资产。

从纺织服装企业内部控制角度而言，以职位资源控制替代人力资源控制并不意味着前者完全取代后者，而应理解为后者应嵌合于前者之内。因此，相对于纺织服装企业原有人力资源控制规范来说，职位资源的控制视角不再局限于人力资源个体，而应扩展到不同级别职位资源（即不同专用性人力资源的团队），两者的关系如图 5-1 所示。

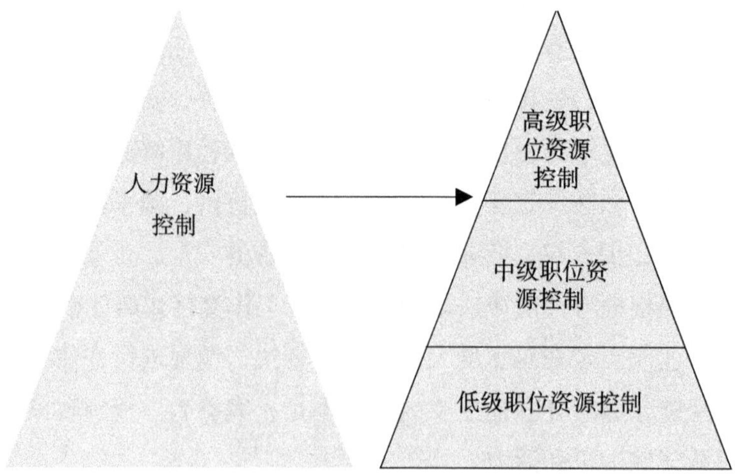

图5-1　人力资源控制与职位资源控制

由图 5-1 可见，职位资源控制替代人力资源控制具有如下几方面内涵：

5.1.2.1 反映了从单纯人的控制转为对职位内部人的控制，体现了总体规划与层级控制的理念

人力资源个体是纺织服装企业不同级别职位内部的成员而不是单个自然人。这种组织关系可解释职位内部人力资源个体之间在个人利益追求中的彼此制约、互相依赖关系以及职位内部人力资源组合权责的统一。因此，纺织服装企业以职位资源控制替代人力资源控制反映了从单纯人的控制转为对不同级别职位内部人的控制，体现了总体规划与层级控制的理念。图 5-1 中，不同级别职位资源的边框线很直观地揭示了这种理念。

5.1.2.2 体现了从偏向人的控制到偏向人与制度结合的控制思想，从而带来效率变迁，节约交易成本

从经济学角度看，尽管西方经济学中的经济人假设构成了各种市场主体行为的理论基础，也成为人力资源个体行为分析的依据。但是，经济人假设忽视了经济主体私利性之间的相互制约和彼此依赖关系。因此，纺织服装企业职位资源以每一职位为单位确定人力资源组合，采用以职位而非以单个自然人为控制单位，不仅避免了经济人假设忽视人们之间利益关系复杂性的缺陷，而且每一级别职位资源内部，不同知识、能力、技能的人力资源个体组合在职位管理制度约束下，可实现资源协同效应。由此可见，纺织服装企业职位资源控制脱离了单纯人的控制理念，利用职位管理制度保障不同级别人力资源个体在追求物质利益的同时实现组织的利益，从而带来效率变迁，节约交易费用。

5.1.2.3 解决了人力资源个体流动性对其价值控制的影响问题

当前人力资源会计（包括人力资源成本会计以及价值会计）有关人力资源价值计量模型共同的缺陷在于无法回答在人员流动性的前提下，人力资源价值的确定问题。因职位资源并不附在人员个体的身上，职位资源相对固定的存在，所以职位资源价值控制无须考虑人力资源个体流动对其价值控制的影响。所以，职位资源控制替代人力资源控制可以解决纺织服装

企业职位资源价值量控制问题。这一点在前面章节已有阐述，在此不再赘述。

5.1.3 从人力资源控制到职位资源控制——效率变迁

就纺织服装企业职位资源的控制而言，其核心在于风险识别以及设计相关风险控制点，从而形成控制活动。因此，在现有人力资源控制规范的基础上，纺织服装企业识别职位资源内部风险时，应当关注职位资源设置不合理导致纺织服装企业职位资源配置的低效率，在此基础上，依据所识别的风险点，采取应对风险的策略与措施——控制活动。纺织服装企业职位资源的控制活动主要包括企业职位资源的合理配置、职位资源内部人力资源的引进与开发、使用与退出管理制度、不同级别职位资源比较价值信息等。由此可见，相对于人力资源控制而言，纺织服装企业职位资源控制的效率变迁主要依赖于两方面路径：其一是纺织服装企业职位资源的合理配置；其二是通过提供不同级别职位资源的投入—产出价值信息，及时反映控制效果，提高控制效率。

5.1.3.1 职位资源配置合理带来资源配置效率的变迁

科斯认为，企业与市场是可以相互替代的资源配置方式。市场通过契约关系完成资源配置，而企业则是通过一个权威（企业家）来支配资源分配。当组织企业生产的成本少于市场交易成本时，企业就会取代市场交易。此时，在企业内部，复杂的市场结构被企业家所替代，企业家指挥生产。同理，作为企业内部要素的职位资源，其配置无法通过市场规则——价格机制进行，只能依赖企业内部不同的权利安排带来不同的资源配置效率。理性的企业家配置职位资源的标准是：通过合理配置职位提高效率，并能减少生产过程中的交易费用。依此标准，企业的权威（企业家）应通过对企业组织结构类型、企业职位资源的需求、不同级别职位内部权责与行为规范、人力资源市场的供给能力等方面的综合分析，选择合适的职位资源配置方案。纺织服装企业职位资源配置方案包括企业职位资源的总设计以及各层级职位资源的分配与协调、职位资源内部人力资源个体的知识、能力、技能结构等。纺织服装企业每一级别职位资源的配置应能使该级别职位内部人力资源的个体知识、能力、技能得到提高，减少消极怠工行为，带来资源配置效率。

5.1.3.2 提供职位资源投入—产出价值信息，及时反映控制效果从而提高控制效率

提供纺织服装企业职位资源投入—产出价值信息的本质是从价值角度判断纺织服装企业职位资源配置的合理性，便于企业利益相关者洞察其服务效能，弥补现有人力资源控制规范的不足。职位资源的投入—产出价值信息不仅能够体现不同级别职位资源的专用性水平，还能反映职位资源的投入产出效率。

（1）从收益法角度计量职位资源的投入价值。如前所言，所谓收益法即从生产要素获取的收益角度判断其价值。该方法根源于理财学中的证券估价理论，即任何金融资产价值可看成是投资人未来收益的现值。耿建新、朱友干（2009）依据弗兰霍尔茨等薪酬折现模型从职位角度提出了修订后的薪酬折现法模型，限于篇幅，本书不拟一一赘述。在此仅介绍薪酬折现法的综合模型，读者可依此综合模式推导出薪酬折现法的其他模型。薪酬折现法的综合模型是在企业持续经营的假设下，当纺织服装企业职位资源所有者不仅领取薪酬，而且持股时，则应将纺织服装企业职位资源所有者获取的薪酬和持股价值折现为职位资源价值。即：

$$V_n = \sum_{t=1}^{n} \frac{I_t}{(1+r)^t} + n \times p$$

式中：V_n 表示纺织服装企业每一级别职位资源的总价值；I_t 表示该纺织服装企业预计每年的薪酬支出；r 是适用于该纺织服装企业的收益折现率；n 表示纺织服装企业每一级别职位资源持股总数；p 表示该纺织服装企业每一股份该的公允价值。

理论上，上述纺织服装企业每一股份该的公允价值取决于该纺织服装企业每一股份的未来现金流量。即：

$$p = \sum_{t=1}^{n} \frac{NCF_t}{(1+R)^t}$$

式中：NCF_t 表示该纺织服装企业每一股份每年产生的现金流入；R 是适用于该纺织服装企业的收益折现率。

实务中，纺织服装企业也可依据每股账面净资产确定持股价值。

由上述模型可见，修订的薪酬折现模型最大的特点是无须考虑人力资源个体流动性因素对价值计量的影响。这将使该方法具有可操作性，可以精确地确定纺织服装企业不同级别的职位资源价值。

（2）以职位资源为纺织服装企业所增加的产出折现来计量职位资源的产出价值。同理，依据证券估价理论，可以将职位资源为纺织服装企业所增加的产出折现为职位资源的产出价值。该计量方法的基本公式表示为：

$$V_n = \sum_{t=1}^{n} \frac{E_t}{(1+r)^t}$$

式中：V_n 表示纺织服装企业每一级别职位资源的产出价值；E_t 表示该职位资源每年为纺织服装企业所创造的价值。可以利用纺织服装企业每年的利润、非职位资源价值以及上述投入价值所计算的职位资源价值来确定职位资源每年为纺织服装企业所创造的价值；r 是适用于该纺织服装企业的收益折现率；n 是纺织服装企业的存续期。

（3）提供纺织服装企业职位资源投入价值与产出价值的比值信息，从而判断控制效果，体现控制效率。阿尔曼·阿尔钦安、哈罗德·德姆塞茨等（1972）认为，组织的任务就是提供生产率并支付相应的报酬。提供职位资源投入—产出价值的比值信息可以提供职位资源生产率信息，及时反映企业职位资源控制效果。该公式表示为：$S=V_n/v_n$。式中：S 表示纺织服装企业每一级别职位资源投入与产出价值的比值。职位资源的投入价值反映了纺织服装企业对不同职位资源的付出，而其产出价值则体现了职位资源为纺织服装企业带来的收益。因此，该指标可以直观地体现纺织服装企业每一级别职位资源的投入与产出效率。纺织服装企业的权威（企业家）可根据该指标判断职位资源的控制效果、控制效率。

5.2 纺织服装企业职位资源控制之二：职位资源预算

全面预算这一管理工具最早是在20世纪20年代的通用电气等美国大型企业中产生，之后它就受到了很多大型集团的关注并不断地被运用和改进。使得全面预算从只具有计划等简单职能，转变为具有计划、激励、考核等复合功能的一种集合企业核心战略的工具。奥利这位著名管理学者曾这么评价全面预算“全面预算是少有的几个能将企业的几乎所有重大问题集成于一个体系之中的管理控制工具之一”。就具体而言，全面预算的目的是实现企业的目标利润，其以销售预算为起点，进而对生产成本、费用及现金收支等各方面编制预算，最终编制预计损益表、预计现金流量表和预计资产负债表，以此来全面反映企业预计未来期间的财务状况和经营成果。

而随着全球化一体化的发展，纺织服装企业之间的竞争更为激烈，纺织服装企业要想在这样的环境中长期生存下去除了在技术开发上要不断创新外，管理上也要有科学的方法，于是更多的纺织服装企业开始采用全面预算这一工具。然而，由于我国企业采用全面预算的时间较短、可获得的经验较少，使得全面预算在实际应用过程中暴露除了许多问题，没有能充分发挥其应有的效用。理论上看，全面预算的思想是在纺织服装企业战略引导下，通过预算对纺织服装企业内部各组成部分的各种资源（包括财务和非财务）进行有计划的分配、控制以及考评，这样使得纺织服装企业的经营活动更为有序、有效。因此，全面预算是纺织服装企业全员参与的全面预算。全面预算管理试图通过预算控制来将纺织服装企业的战略目标转换成执行层面（如部门、子公司等）更为具体的目标，以此来激励纺织服装企业内部各执行单位的行为，更好的实现纺织服装企业价值。

与此同时，现代社会已经进入了一个以知识、人才为主导的新兴时代。这个新经济时代的一个重要特征是其在占有、调配、发展和使用知识、人力资源的基础上，以更大的动力和效率带动其他物质方面繁荣发展。因此在这个新的经济环境中，以往更重要的财务资本、有形资产已不再是企业首要资源，拥有人力资源比拥有传统物质资源更为重要。企业合理规划、配置人力资源群体构成的职位资源则显得尤为必要。

传统的全面预算包括经营预算、财务预算、资本预算等三部分，其主要目的是对企业的财务资源进行优化配置。但是却没有一项专门的预算在全面预算之中对于知识型社会中更重要的职位资源进行有效的计划、分配及考核。基于此，如何将职位资源预算融入全面预算当中，使得企业的职位资源能够得到进一步的优化配置，为企业经营带来更多效益则是当前纺织服装企业全面预算急需解决的问题。在传统的全面预算当中，企业涉及人力资源方面的预算散落在生产成本预算、管理费用等期间费用预算之中，人力资源部门所编制的人力资源预算也仅仅是将企业内部各部门的人力资源预计需求进行汇总，更多的关注在人员招聘培训的数量等方面，将企业的人力资源投入作为一项可控费用去看待，编制人力资源预算的目的是为了节约更多人力资源投入。而本书主张，纺织服装企业的全面预算之中应包含专门的以人力资源群体组成的职位资源预算，该预算的编制应旨在使纺织服装企业从关注人力资源投入节约额转变为关注以人力资源群体组成的职位资源投入效率上，进而明确职位资源的投入产出关系，使得纺织服装企业能够更好地利用职位资源为企业创造更多的价值。纺织服装企业职位资源预算的编制是从人力资源群体角度优化全面预算管理的基本路径。基于此，本书从企业成本效益角度结合系统论等相关理论，认为职位资源预算的编制应基于人力资源群体角度即各职能部门来编制，这样一方面使得预算的对象更明晰，另一方面也便于未来预算执行后的考评。在全面预算中加入职位资源预算，使得企业全面预算从重点关注财务资源方面到财务资源、职位资源并重。同时将企业职位资源给与更全面的规划，通过预算执行差异分析的比较、预算的考核，使得企业的职位资源的使用效率得以很好的呈现，支持企业更好地进行相关决策。

总之，职位资源预算的意义在于：

（1）有利于在职位资源的基础上优化人力资源配置。包含职位资源预算的全面预算在编制过程中，需要结合企业所处的宏观环境、行业特征等因素，综合各影响因素使得企业的职位资源以及职位内部的人力资源配置更有战略性、针对性。

（2）有利于促进职位资源内部人力资源沟通与协作。包含人力资源预算的职位预算管理的核心在于，该预算中职位资源预算的编制需要公司生产、销售、财务、人力等各个职能部门的参与，而不是像以往的人力资源相关预算主要依赖人力资源部门，真正实现企业内部人力资源方面更好的沟通与协作。

（3）有利于降低企业经营风险，提升人力资源管控水平。包含基于群体人力资源视角的职位资源预算的全面设计实施，使得企业可以更好地识别企业人力资源方面的问题，预算差异及预算考评，使得企业在以后的生产经营过程中能更好地规避人力资源方面的风险，更好地利用人力资源为企业创造价值。

本书在整合了人力资源和全面预算等相关理论之后，构建了包含基于群体人力资源角度的职位资源预算的全面预算框架体系，并以上市纺织服装企业 L 公司为例，阐述了职位资源预算实施的效果及问题。本书采用案例研究的方法，以 L 公司作为案例研究的对象。首先本书对全面预算的特点和相关理论进行了梳理，对全面预算相关的理论进行综述，指出当前全面预算存在的问题。然后，设计出基于人力资源群体视角的职位资源预算的编制、分析和考核的基本理论。在对 L 公司的基本情况进行介绍后，运用上述基本理论，结合 L 公司生产经营实际编制基于人力资源群体视角的职位资源预算，并设计相应指标进行考核。最后，本书总结了基于人力资源群体视角的职位资源预算应注意的相关问题。

5.3 全面预算的基本理论

5.3.1 全面预算管理的内涵及特点

全面预算管理内涵即将企业制定的各总目标如：战略目标、经营目标等予以细化分解，下达给企业内部各经营单位，同时建立包括预算分析、业绩考核在内的完成的管理控制系统，自始至终地将企业的目标和企业内部各经营单位的具体目标紧密联系在一起。全面预算管理中体现的分权的思想，即通过预算来分散责任，进而有效的配置企业相关资源，提高企业管理效果，实现企业价值最大化目标。

全面预算管理的特点可以概括成以下四个方面：

5.3.1.1 全面预算管理的机制性

企业实施全面预算管理，首先要保证的就是使得预算成为一种硬性的制度安排，在管理上通过预算来强化效果。作为一项制度安排就决定了企业不能将全面预算看成是一种临时性的手段或方法，要连贯性地将它执行下去，全面预算的机制性也是全面预算实施效果的有效保证。

5.3.1.2 全面预算管理的战略性

全面预算管理作为一种合理安排企业相关资源的手段，与企业的战略相关联是其本质决定的，从企业角度来说企业的战略性问题决定了企业人力、物力等资源的分配，而全面预算作为一种资源分配的手段，其战略性也是其实行结果有效衡量的一把标尺。

5.3.1.3 全面预算管理的全员性

全面预算的机制性和战略性衍生出了全面预算的另一个特点—全员性，因为全面预算设计企业所有资源的合理分配，自然在编制及执行主体上对应着企业的全部部门，企业的全部员工。它的效果不仅仅是预算编制部门的责任，更是企业全部部门、员工协调努力的结果。在企业的经营实际中也只有全部员工积极参与进预算，积极的对预算结果给出相应建议或意见，这样才能使得全面预算对于企业来说更有针对性，也就能更好的带来执行的效果。同时也只有企业全员参与预算，才能使得企业管理层和基层员工之间的信息不对称问题得到有效解决，更好地为企业预算目标实现、战略目标实现提供有力支持。

5.3.1.4 全面预算管理的全面性

全面预算管理的全面性也是机制性和战略性衍生出来的另一个特点。它是指企业的全面预算应覆盖企业经营的每个方面，要使得全面预算的实施富有成效，全面预算管理就必须将企业的生产经营的各个环节都给与合理的关注，这样才可以通过全面预算对企业起到通社全局的作用。

5.3.2 全面预算的理论基础

全面预算管理理论不仅是对预算及预算管理理论的丰富和升华，它的发展也与其他管理学理论体系息息相关，相关的其他理论主要如下：

5.3.2.1 委托代理理论

作为现代财务管理的一个重要理论—委托代理理论现主要是指企业的所有权和经营权相分离。由于企业委托人—股东和代理人—经营者之间存在的信息不对称情况，使得管理层极易出现“道德风险”和“逆向选择”等问题，虽然企业通过完善组织内部架构如设立董事会、监事会等机构对管理者进行监督，同时通过相应的薪酬及其他方式的激励措施能解决一部分委托代理存在的问题。但是由于企业在经营决策方面的具体细节上更多的依赖管理层的决策，所以全面预算管理的提出则能更有效地规避和解决“道德风险”等问题。它将企业的长远战略进行明晰，并采用一定数量指标予以具体化，这样就从数量金额上明确了管理层对于企业的责任，同时，他又是企业资源分配的工具，全面预算的编制和审批是股东领导下的预算委员会等机构，这使得委托人能更多地了解企业的实际情况。在全面预算执行后，预算的考核又能给与代理人相应的奖惩，这样也能更好地激励和监督管理层的经营、达到企业长远的健康发展。因此，全面预算既是委托代理理论的具体体现，又能更好的解决委托代理所带来的问题。

5.3.2.2 激励理论

激励是指某一有机体追求某些既定目标的愿意程度，具有推动并引导其使之朝向预定目标的作用。为了实现企业的长远战略目标及企业的短期经营计划，企业内部完善合理的激励体制是必不可少的。全面预算管理的执行和考核因为要考虑到将预算执行人员的积极性和创造性等充分调动起来，更好地为企业的生产经营服务，因此在预算目标的设计方面要将企业的经营目标和参与者个人的目标等相联系起来，制定切实可行的目标，以此来更好的激励员工的行为，以达成企业和员工的双赢局面。由此可见，激励理论和全面预算管理也是紧密相连的。

5.3.2.3 控制理论

控制是指管理人员依据合理的标准，对于相关人员的行为进行评价和约束，以确保组织相应短期计划和长期目标的顺利实现。随着商业社会的不断发展社会，控制理论早已广泛应用于企业的内部生产经营活动中，其对企业目标的达成提供了有效的理论支持。同时，全面预算管理也将控制作为一个重要的管理方式吸收进来。具体来说，通过建立系统科学的控制体系全面预算可对相应预算的执行情况进行有效的监督，这样就为企业预算执行的效率和效果提供了有效保证。

5.3.2.4 战略管理理论

全面预算管理与企业战略管理的联系可从全面预算的战略性中窥得一斑。一方面，企业战略目标是制定全面预算的依据。即全面预算目标的确定要符合企业战略目标的要求，没有结合战略目标的预算无意义的。另一方面，全面预算的有效实施和反馈也为企业的战略执行和修正提供建议。因为从对象上看，企业战略是从企业宏观、微观等角度综合考虑指定的企业未来发展方向等的规划，它具有总领全局的作用。但是，在企业的经营实际中，全面预算可以深入企业生产经营的各个细节，为企业发展方向的调整找出时间依据。对于那些全面预算识别出的不符合企业生产经营实际的战略目标，企业应及时予以调整，这样可以更好地提升战略的实践性能。

总之，全面预算管理理论集合了预算管理、委托代理、激励、控制、战略管理等管理学理论，并结合企业进行了升华，可以说全面预算理论是管理学理论在企业实践中应用的典范。

5.3.3 全面预算的编制方法

5.3.3.1 固定预算

固定预算法又称为静态预算法，这种预算编制方法较为传统，其在预算编制时，只根据预算期内正常、可实现的某一固定的业务量如：生产量等水平作为唯一基础来编制预算。静态预算一般适用于企业经营业务稳定、所产产品产销量稳定的情形下。

5.3.3.2 弹性预算

弹性预算法又称动态预算。是在成本形态分析的基础上，考虑业务量、成本和利润等之间的关系，按照预算期内可能的一系列业务量区间（如销量、产量等）编制预算的方法。这种预算具有很强的伸缩性，一般适用于未来业务量不能准确预期的情况下。

5.3.3.3 滚动预算

滚动预算法又称永续预算法或连续预算法，是指企业的预算期保持一个固定的时间跨度，在上期预算完成的基础上，编制和调整下期预算，从而使得企业的预算保持一个固定的预算期。滚动预算在编制时，依据预算滚动的时间对应月份、季度不同可分为逐月滚动、逐季滚动和混合滚动等三种类型。

5.3.3.4 概率预算

企业经营的成本和收益由于外部或内部环境的影响有着很大的不确定性，在企业预算时很难具体指出企业可以达到哪种收入或成本水平。概率预算本质上来说是弹性预算的一种修正，它将弹性预算和预算评价指标发生的可能性联系起来，由此减少未来数据不确定性引起的风险，可以使得企业在面对未来可能发生的不同情况时，做出更多有针对性的预案，使得企业的预算更贴近企业经营实际。

5.3.3.5　零基预算

零基预算顾名思义即为“以零为基础编制预算”，采用零基预算法编制预算时，不需要考虑企业以往预算的项目金额，仅需要关注预算期内企业相关项目金额或数量需求的合理性。

当然企业在具体编制预算时需要结合企业的具体经营实际和相关预算编制人员的素质等因素考虑预算方法的选择，且在预算编制实际中，往往不只采用一种预算方法，更多的是不同方法的组合使用。

5.3.4　全面预算管理的内容体系

全面预算是由一系列相关联的预算组成，大体上说应包括经营预算、财务预算和资本支出预算等三部分。

5.3.4.1　经营预算

经营预算也称营业预算，是对企业日常经营活动的预算，其中日常经营活动涉及企业供产销等各个环节。营业预算的内容主要有：销售预算、生产预算、直接材料预算、直接人工预算、制造费用预算、产品成本预算、销售费用预算、管理费用预算等。在全面预算中，经营预算因其设计业务活动的基础性使得其成为其他预算编制的基础，同时经营预算也是企业战略目标和具体生产经营计划之间的桥梁。

5.3.4.2　财务预算

财务预算企业的综合性预算，主要包括：现金预算、利润表预算、资产负债表预算。其中现金预算由现金收入、现金支出、现金多余或不足、现金的筹措和运用等四部分组成。利润表预算在内容、格式上与实际利润表相同，只不过数据是预算期的经营成果。通过编制的利润表预算，可以较为细致的了解企业的预期盈利能力。资产负债表预算在内容、格式上与实际的资产负债表也相同，其数据反映的是预算期期末的财务状况。

5.3.4.3 资本支出预算

资本支出预算的对象是企业长期投资，包括企业固定资产购置、改扩建等不经常发生的业务方面预算。资本预算的对象使得其涉及的预算金额较前两种预算都较大，对企业的当前期间及未来期间的财务状况、经营成果等都有着较大的影响。所以编制资本预算的目的就是为了对这类企业经营项目进行有效的控制。

全面预算包含的三项预算中，经营预算是全面预算管理的基础，没有准确的营业预算作支撑，预算目标就难以准确达成。财务预算是经营预算各子预算货币化的反映。资本预算是企业战略目标与经营实际中短期预算之间的桥梁。

5.3.5 全面预算存在的主要问题

当前全面预算编制，从编制内容和对象上都重点关注在企业的财务等物质资源的规划利用上，如全面预算内容上无论是经营预算、财务预算、资本支出预算，无一例外都围绕着企业的财务方面进行编制，对于企业其他方面关注较少，尤其是对于企业职位资源的预算和规划更是鲜有涉及，只是在生产成本预算中考虑了生产工人工资；制造费用预算、管理费用预算等中考虑相应级别员工的工资、奖金等，散落的预算必然不能给企业带来全面的职位资源使用方面的信息。同时，从预算考核角度来看，当前的全面预算在设计人力资源方面的预算考核时重点关注的是人力资源投入方面的节约程度，如设计的各项费用控制率指标中也包括人力资源方面，这样的控制理念是将人力资源等同于短期财务资源去考虑，意图通过人力资源的节约给部门、企业带来额外的利益。但是，当今的人力资源相关理论表明，人力资源不同于财务等物质资源，它具有长期资源的特点，且其具有学习的能力，在企业日常生产经营中人力资源方面的投入可以给企业带来持续的利益。人力资源通过其所处职位发挥作用。简单的对比就可以看出包含人力资源群体的职位资源和物质资源的差异。企业的物质资源如生产设备，自采购安装完毕开始进行生产后，按照设备的物理磨损程度，从使用期间来看，其给企业带来的经营效益总体是呈下降趋势的，随着物理磨损程度的增加，企业对于机器设备的维修保养支出也逐渐提升，设备给企业带来的收益也逐年下降，直至设备淘汰报废。企业包含人力资源群体的职位资源则不然，企业依据职位规划，从外部招募进新员工进行了一部分人力资源投入，其可以给企业带来生产经营或管理上的改善，为企业带来经济效益，同时伴随着年限的推移，企业通过内部培训等手段对员工进行后续教育，使得员工的技能得到进一步提升，可以更好地帮助企业经营决策，为企业带来经营上的更大改观。尤其是从人力资源的寿命期限来看，对于人力资源的投入可以看成企业的长期资源投入，因此传统的全面预算之中对于人力资源的考核指标设计也不符合当今人力资源理论的发展。

因此，本书主张可从包含人力资源群体的职位资源预算方面对当前全面预算进行优化，即将包含人力资源群体的职位资源预算纳入全面预算体系中。职位资源预算考虑到人力资源个体的差异性，解决了人力资源预算从个体角度编制会可能带来的编制工作量大、编制成本高等问题，使得企业能够更好地关注到包含人力资源群体的职位资源的投入和使用情况，从而优化企业人力资源结构，使得人力资源在企业发展中能发挥其应有的效果。下文将阐述包含人力资源群体的职位资源预算编制、分析及考核。

5.4 基于群体人力资源视角的职位资源预算的编制、分析及考核

5.4.1 基于群体人力资源视角的职位资源预算的编制

首先，根据以往全面预算管理的具体内容，经营预算主要包括：销售预算、生产预算、直接材料预算、直接人工预算、制造费用预算、产品成本预算、销售费用预算、管理费用预算。上述预算中的销售预算、生产预

算、直接人工预算、制造费用预算、销售费用预算、管理费用预算分别涉及到企业中人力资源的使用。因此，从编制内容角度，笔者希望将上述预算中的人力资源相关的预算从相关生产预算、费用预算中独立出来，并从职位资源角度，将人力资源嵌入职位资源中。这样，企业全面预算的内容体系就包括：包含人力资源群体的职位资源预算、经营预算、财务预算、资本预算四大项（图 5-2）。

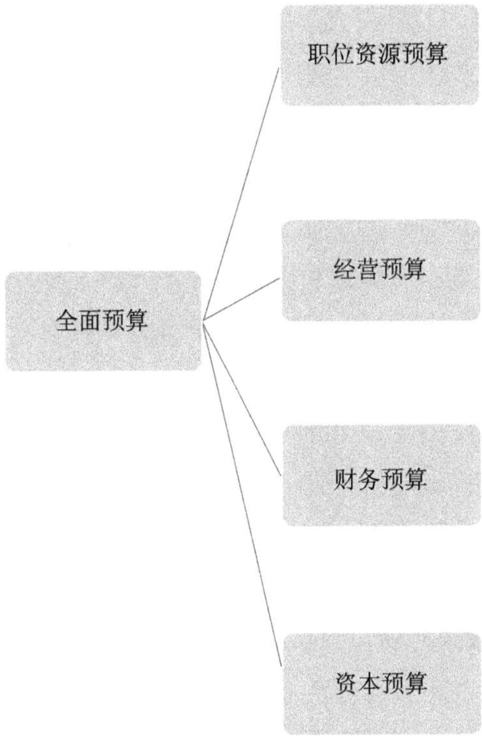

图5-2　含有职位资源预算的全面预算内容体系

而从预算的编制角度，尽管以往的企业预算中也涉及到了人力资源预算的编制，但是以往的人力资源预算更多的是在人员需求数量上由部门估计汇总到人力资源部门，很少涉及职位资源问题，更绝少提到职位资源投入产出效率的分析。本书认为职位资源如从人力资源个体角度进行预测，不仅时间、成本耗费大，不符合成本效益原则，而且实务中可行性较低，所以主张纺织服装企业职位资源预算的编制应基于企业内部不同级别职位内部人力资源群体视角。

循上思路，职位资源预算即在企业发展战略、发展规划的基础上，以每一职位为单位规划职位内部人力资源的需求。因单个人力资源个体的投入产出难以准确衡量，即便能够逐个计量清楚，也不符合成本效益原则。职位资源从不同级别职位内部群体人力资源角度探讨人力资源预算，优化了职位资源结构，进而增加企业价值。不同层级的职位资源的专用性不同，相关的预算投入差异很大，所以应不同级别岗位进行职位资源预算的编制。

对任何企业而言，岗位部门职责的划分不同，相应的职位资源及内部的人力资源需求不同，对于预算的差异分析以及绩效考评的方式也不同，纺织服装企业概莫能外。为了便于对于预算的差异分析及绩效的考核，可以将纺织服装企业职位资源的利用分为三个大的方面（图 5–3）：

（1）纺织服装企业对职位资源的支出能直接对应产生效益的部门，如生产部门、销售部门等，由于可以直接对应纺织服装企业的业绩，所以这类部门的职位资源支出评价可以参照纺织服装企业相应的经营指标。

（2）纺织服装企业对职位资源方面的支出不能直接对应相应产出，这类部门如纺织服装企业的研发部门、财务部门、人力资源部门等。由于不能直接对于经营效果，所以这类部门的支出就需要专门设计相应指标来评价。

（3）纺织服装企业的高管层面（这里不包含部门的领导），如企业的董事长、总经理、副总经理等。我们将依据我国证监会规定的上市公司需披露的高管人员界定为高管职位。具体包括董事，监事人员以及经理级别人员。纺织服装企业对这类高官职位资源的支出涉及上述能直接产生收益的职能部门以及无法直接产生收益的职能部门两个方面。在此，为了方便后续的预算编制，下文对于纺织服装企业高官层面的职位资源支出拟采用综合上述两者的方式去研究。

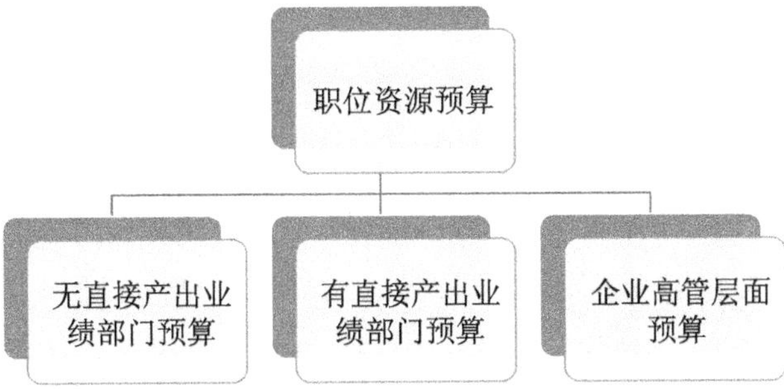

图5-3 职位资源预算框架体系

另外，从职位资源预算的编制方法角度，笔者希望采取滚动预算的方法。因为企业的职位资源不同于企业的物质资源投入尤其是固定资产类资源的投入，职位资源内部的人力资源个体具有一定的流动性，尽管确定职位资源价值时无需考虑职位资源内部人力资源个体的流动性问题，仅从企业对不同级别职位资源的投入角度去确定职位资源价值。但从纺织服装企业不同级别职位资源内部人力资源个体的组成看，仍不可避免出现合理的人力资源个体的流动，如正常的人员招聘、人员退休等因素。由于滚动预算能随时间的推进不断加以调整和修订，能使预算与实际情况更相适应，有利于充分发挥预算的指导和控制作用。有利于管理人员对预算资料作经常性的分析研究，并根据当前的执行情况及时加以修订，保证纺织服装企业的经营管理工作稳定而有秩序地进行。因此，本书认为职位资源预算的编制宜采用滚动预算的编制方法。具体而言，企业可以以历史数据为基础，结合企业未来的预测，对纺织服装企业职位资源的总体耗费做出总体预测，预算每完成一年，就自动顺延一年再次成为一个预算期，如此循环不止，形成滚动预算形式。预算的制定或废除由三方决定，即董事会、最高管理层以及预算委员会。董事会并不制定预算，但他们拥有预算审查，或予批准或者退回去修改的责任。通常由董事会任命预算委员会的成员。具体编制预算时，可以采用混合式预算的编制方法，这样纺织服装企业可以自上而下的沟通战略目标，管理层保留了对预算编制的控制权，同时能获得各个组织层级的专业信息，而较低层级员工的参与使他们能更好地接受预算，也就能为预算目标的实现做出更大的努力。

从纺织服装企业职位资源预算编制的组织架构而言，因预算管理委员会是为全面预算管理而设置的机构，全面负责预算管理的组织协调工作。因此职位资源预算也应由预算委员会统一领导。预算委员会应由纺织服装企业最高领导，如总经理等亲自挂帅。预算委员会的成员可由各部门主要领导组成，至少负责财务、采购、生产、销售、人事等部门。各部门的主要领导必须是预算委员会的成员。其中，预算委员会下设办公室，通常该办公室主要领导由公司财务部门负责人担任，该办公室的日常活动可由财务部门负责管理协调，其日常职能主要是对纺织服装企业内部各级预算单位进行协调以及预算完成后相关信息的反馈。预算委员会中，除办公室之外，还需设置考核委员会以及内审委员会（图 5-4）。考核委员会负责纺织服装企业实际业绩的考评、拟定相关制度对于业绩结果进行相应奖惩。内审委员会则主要负责预算实际结果例行审计。

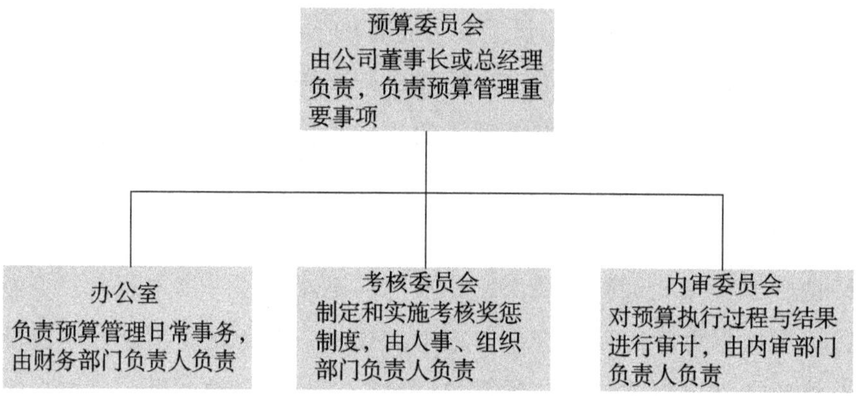

图5-4　企业预算组织框架

纺织服装企业常规与全面预算相关的组织架构包括预算决策、预算常设执行、预算执行、预算考核机构（图 5-5）。从职位资源预算的编制来说，也应包括上述相关体系。

预算决策机构：预算委员会，是从纺织服装企业整体经营层面出发，领导包含职位资源预算在内的全面预算工作的开展，并对公司整体预算体系的运行进行监督。

预算常设机构：财务部，是各部门与预算委员会之间的桥梁，主要负责纺织服装企业内部各部门相关预算信息的收集及整理、预算委员会相关决策的传达和沟通。

预算执行机构：是预算编制、执行、考核的主体。主要包括人力资源部、生产部门、销售部门、研发部门、办公室等。

预算考核机构：人力资源部，定期进行预算执行情况检查、对各预算单位提交的反馈报告进行差异分析及评价。

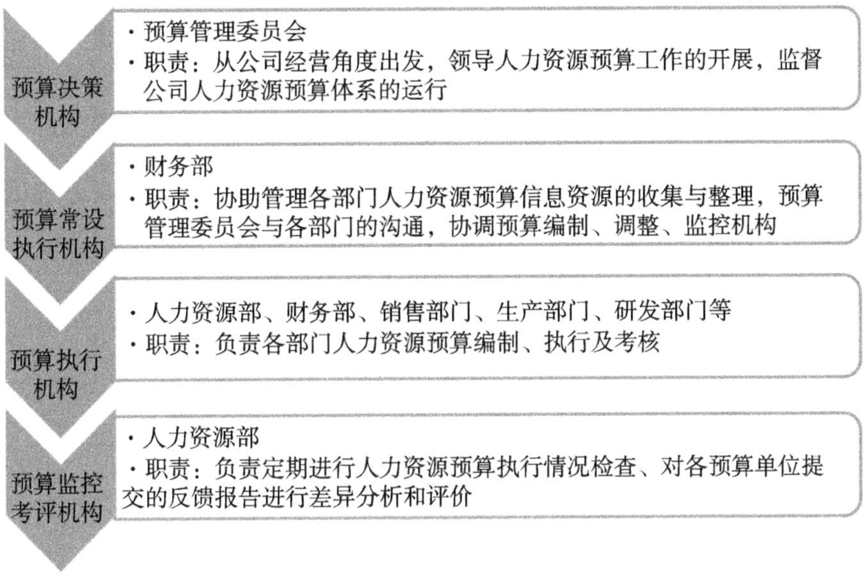

图5-5 全面预算管理框架

就职位预算而言，纺织服装企业在自身战略目标指引下，根据编制的具体需要，在企业总职位资源规划下，各部门职位资源预算由各部门依据自身职位规模及人力资源组成提供各自职位资源，而人力资源部门不仅需要编制本部门的职位资源预算，也需依据纺织服装企业发展规划汇总其他部门职位资源预算。

明确了纺织服装企业的职位资源预算的决策机构、编制的具体框架，在具体编制职位资源预算时，纺织服装企业职位资源预算可由企业的各级职位内部人力资源成本的基础上汇总。其中，人力资源成本主要包括以下五类（图 5-6）：

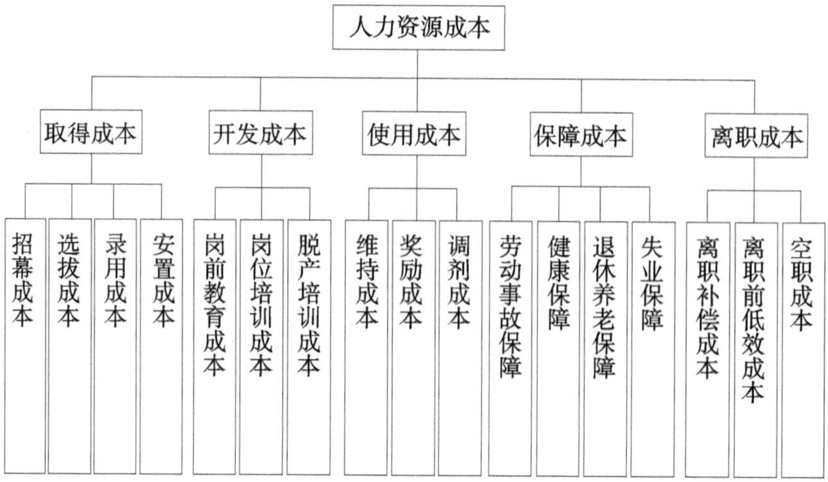

图5-6 人力资源成本内容

因此企业的职位资源预算也可从这五个部分去编制，即各部门分别按照表5-1中五大类去汇总企业预计对各职位部门内部人力资源的投入。

表5-1 人力资源预算成本

序号	项目	各级职位资源中人力资源	基期人数	基期金额	预测期人数	预测期金额
一	取得成本					
	招募成本					
	选拔成本					
	录用成本					
	安置成本					
二	开发成本					
	入职教育成本					
	入职培训成本					
	常规培训成本					
三	使用成本					
	维持成本					

续表

序号	项目	各级职位资源中人力资源	基期人数	基期金额	预测期人数	预测期金额
	奖励成本					
	调剂成本					
四	保障成本					
	劳动事故保障					
	健康保障					
	退休及养老保障					
	失业保障					
五	离职成本					
	离职补偿成本					
合计						

传统的全面预算中，人力资源的相关成本散落在直接人工预算、制造费用预算、销售费用预算、管理费用预算中，并未能按照各职位汇总人力资源的投入。在最终评价时往往采取的是总量指标去对相应科目进行总体的分析，而对于如管理费用项目下具体的项目只能进行相应的趋势分析，无法对各职位资源内部人力资源成本及差异做出合理的分析和解释。如管理费用预算中，对应有工资，其中对应和核算的数据会包括各类管理部门基本工资和奖金、津贴。补贴、其他类似工资支出（如根据国家法律规定的因病、工伤、产假、婚丧假、休假等原因，按工资标准或一定比例支付的工资）。从人力资源个体所处职位角度汇总不同级别职位内部人力资源的预算成本，这些数据可直接分类对应到不同职位资源预算表中。

从人力资源个体所处职位角度汇总不同级别职位内部人力资源的预算成本时，应关注管理费用中职工福利费，包括因公负伤赴外地就医路费、探亲路费、职工生活困难补助及符合规定的其他福利支出（旅游费、节日福利、生日费、健康费、职工体检费、补充医疗保险等）。这些费用可分别对应不同级别职位资源预算中使用成本、保障成本。管理费用中职工教育经费，可对应开发成本项目。企业承担的为职工缴纳的基本社会保险费（包括基本养老保险费、基本医疗保险费、失业保险费、工伤保险费、生育保险费）可对应计入保障成本。

生产部门编制的直接人工预算数据可直接对应生产部门职位资源预算的数据：直接人工成本可分类对应为部门员工相应成本。而制造费用等间接人工成本可划分为职位资源相关成本预算。

销售部门职位资源预算可从销售费用中对应工资、职工教育经费、职工福利费、社会保险费、住房公积金等项目分类计入。

对于各级职位资源中人力资源的取得成本和开发成本，因在原全面预算中这部分支出是由人力资源部汇总编制，所以应在人力资源部门编制预算的基础上，将总的取得成本和开发成本按人数或者作业量分配到各部门。具体而言，在预算的编制初期，需要对人力资源部门的相应人力资源的投入予以区分。与职位资源管理有关的常规性工作主要包括：

（1）招聘管理。招聘是指纺织服装企业通过招募、选拔、评估、录用等步骤从人才市场引入纺织服装企业需求的人力资源的过程。招聘管理要确保相关岗位需求上要招募适合的人。有效的招聘管理可以提高纺织服装企业运行效率，有助于企业日常经营的顺利达成。

（2）培训与开发管理。培训与开发管理是指纺织服装企业为了能让不同级别职位资源员工具有适应企业未来不同职位的工作需求而对企业员工在一定期间展开的专门的培训等活动。

（3）薪酬及福利管理。薪酬及福利管理是指纺织服装企业在考虑企业经营及员工自身等情况后制定不同级别职位资源内部相关员工薪酬及福利的标准、构成的过程。

（4）不同级别职位资源之间以及同一级别职位资源内部员工关系管理。纺织服装企业管理不同级别职位资源之间以及同一级别职位资源内部员工关系的目的是为了提高企业内部的凝聚力与治理效率，在企业内部构建良好的工作环境和融洽的员工关系。

从上述分析可见，对于职位资源内部人力资源预算成本的五个方面，与传统全面预算数据关系归纳如下：

（1）对于低级别职位资源，其内部人力资源方面的预算数据主要包括：基本工资、低比例的奖金、福利以及上述由人力资源部门分配的支出。其中，基本工资是指员工的固定工资，这部分不随公司的业绩或绩效的改变而改变，保证员工的基本生活。以生产部门为例，基本工资就是生产一线员工的工资，在原来的生产预算之中，这部分即为直接人工。当然，如果原来预算中，制造费用之中由不属于部门领导承担的部分，则也在此计入到基层员工基本工资之中。奖金是公司用来奖励员工为实现具体的和特殊的目标后一次性绩效的工资，最常见的就是公司的年终奖等。福利主要是指公司为员工发放的津贴、补助、社会保险等保障。人力资源部门分配的支出则表现为人力资源部门为招聘部门基层员工所发生的人力资源支出，以及为部门员工提供培训所发生的人力资源支出。

（2）对于高级别职位资源，其内部人力资源方面的预算数据主要包括：基本工资、高比例的奖金、福利和股权激励以及人力资源部门分配的支出。对于高管层来说，基本工资是指高管的固定年薪，这些不随着公司业绩的改变而改变。其余的部分同部门的支出，如：奖金、福利和股权激励等则是对高专用性职位资源内部人力资源高效能的补偿。

（3）对于处于两者之间的职位资源，其内部人力资源方面的预算数据主要包括：基本工资、适度的奖金、福利和股权激励（如果部门层存在的情况下），以及人力资源部门分摊的支出。

企业内部不同级别职位资源与所获得的预算对价水平与职位资源的对应关系如图 5-7 所示。该表显示，高专用性职位资源稀缺度高，所获得的预算对价水平也就较高；职位资源专用性程度越低，所获得的预算对价水平也就相对越少。由此可见，不同级别职位资源稀缺度的差异将导致其所获得的预算对价水平。这种关系表现为：低级别职位资源，低水平的预算对价水平；高级别职位资源，高水平的预算对价水平；而处于两者之间的职位资源，适度的预算对价水平。

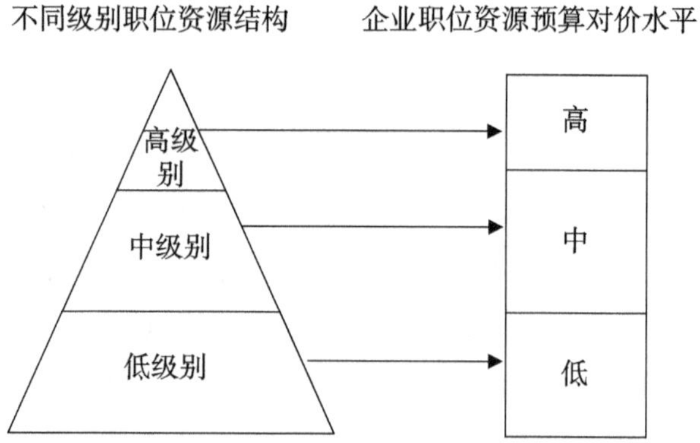

图5-7　企业不同级别职位资源与预算对价水平的关系

5.4.2　职位资源预算差异分析

差异分析是企业规划和控制的重要手段，经过恰当的差异分析，企业决策人员可以对预算情况和实际执行情况之间出现差异的深层次原因有着细致的了解。这对于纺织服装企业在接下来的预算期间里制定合理的预算计划达到更好的预算效果有着重要的作用。职位资源预算的差异分析不是一蹴而就的，是一个循序渐进的过程，企业需将预算中设计的生产经营管理的各方面具体细节予以细致考虑，再结合企业预算和实际差异方能对预算差异做出合理的解释并为下一预算期间的预算编制提供合理建议。

在不同级别职位资源编制完成后，执行过程需要进行差异分析。本书主张在预算完成后，可分部门编制职位资源预算差异分析表。职位资源预算差异分析表见表5-2。

表5-2　职位资源预算差异分析表

不同级别职位资源	预算数	实际数	标准人力资源工时	标准小时人力资源投入

上述职位资源预算差异分析表借鉴标准成本制度而编制，标准成本是经过深思熟虑以后确定的价格、数量、服务水平或成本，通常表达成单位价格或单位成本等形式。在这里，企业的职位资源预算在也可以看成企业为获取人力服务所发生的支出，根据上述编制的预算，可以由部门预算分别计算得出不同级别职位资源内部预算的标准人力资源工时和标准小时人力资源投入，由此可编制不同级别职位资源预算差异分析表，对不同级别职位资源内部人力资源预算数与实际数之间的差额进行分析。而对于职位资源预算编制完成后，根据实际值与预算值的差异，以及不同部门的情况，可进行下述比较分析。具体的职位资源及内部人力资源预算差异分析见下章。

5.4.3 职位资源预算考核

传统的企业业绩评价体系是20世纪50年代创立和发展起来的，当时的生产经营环境决定了当时的业绩评价以历史性的财务指标为主导，如营业收入、净利润、投资回报率等。依靠这些历史性的指标对企业业绩进行评价符合客观性的原则，但是对于企业未来情况却没有考虑，若企业未来经营环境发生剧烈变动，则企业经营可能会陷入困境。传统业绩评价的主要缺陷表现为：传统的业绩评价偏重于历史财务成果的达成，忽视了企业未来价值创造，对已经取得的短期经营成果偏重，助长了公司管理者的短视行为，更易鼓励企业经营者的短期投机行为，使得公司对于可影响长期战略目标达成的投资意愿不足，以至于企业投资过分扎堆于短期投资，在能为企业带来长期价值增长的如不同级别职位资源及其内部人力资源方面投资过少；尤其在传统的业绩评价中并未考虑职位资源因素，且把人力资源投入看作是利润的抵减项，却忽视了职位资源及内部人力资源是才价值创造的源泉；传统业绩评价过分重视股东利益，忽视了职位资源及内部人力资源的利益诉求。现代企业理论认为企业是众多利益关系者组成的契约，如供应商、顾客、员工、债权人、所有者等，这些利益相关者对企业的经营有着不同的利益诉求，由于他们能直接地或间接地对企业的经营产生影响。因此，企业必须均衡所有利益相关者的利益诉求，这样才能很好地维持企业的生存和发展。而传统的财务业绩评价不能满足众多利益相关者的需要，在评价职位资源及内部人力资源的业绩方面更显得无能为力。

卡普兰和诺顿提出的平衡记分卡正是对传统业绩评价的改进，也是战略业绩评价的基本框架，它从财务、顾客、内部经营、学习与成长四个方面全面评价企业业绩和战略执行结果。平衡记分卡充分考虑了职位资源内部人力资源的对企业业绩的影响，它通过层层分解，将人力资源作为战略实施的一个子系统，纳入积分卡中，通过学习和成长项目来反映人力资源战略在企业中的具体实施以及考评结果。这也正对应着本书主张的将职位资源预算纳入全面预算体系，本书因此采用平衡计分卡对企业的职位资源进行评价。

平衡计分卡包括四个维度分别是财务维度、顾客维度、内部流程维度、学习成长维度。其中财务维度通常与获利能力有关，其衡量指标主要有主营营业收入、资产回报率以及经济增加值等，也可以是销售额的提升或创造现金流量的提升；客户维度指标通常包括客户满意度、客户维持率、客户增长率、客户获利率，以及企业产品的市场份额等；内部流程维度要求管理者要识别组织内部的相关关键流程，这些流程能帮助企业更好地提升产品及企业价值，吸引更多的客户同时对老客户予以很好的保留，以满足股东对产品财务报酬的期望；学习和成长维度明确了企业要实现长期的增长就必须提升企业不同级别职位资源内部人力资源效能，并确立了企业实现当前业绩以及达成未来成果所需的关键因素。平衡计分卡的其余三个维度一般是对企业当前实际能力的接触，以及与达成未来突破性进展所要维持的能力之间的差距。为了弥补这个差距，学习和成长维度要求企业必须将不同级别职位资源内部人力资源投入到员工的培训及技术改造等活动中。

为了便于分析和考核职位资源预算，现假设企业中除高管层外，只有生产部、销售部、采购部、研发部、人力资源部、财务部等六大职位部门。其中，生产部、销售部、采购部可直接对应企业产出绩效；研发部、人力资源部、财务部等三部不能直接对应产出。对于平衡计分卡相应指标的设计，上述两大类部门的侧重点不同。因此，对于企业年终进行预算考评时，可分不同级别职位资源进行。就纺织服装企业而言，不同级别职位资源内部人力资源评价基础及相关指标不同，职位资源结合平衡计分卡，并按部门分类设计相关预算考核指标，如不同级别职位资源预算水平下，职位资源内部人力资源高学历、高职称员工比例、核心员工留职率、员工培训次数、员工满意度、培训计划完成率、员工技能提升率等。下文中将结合具体纺织服装企业案例详细阐述，在此不赘述。

5.4.4 L公司含有人力资源预算的全面预算应用分析

5.4.4.1 L公司基本情况分析

L公司以女性时尚产业为基础，依托资本、渠道、人才优势和在韩国时尚文化领域影响力及中韩两国上市公司平台优势，通过线上线下积极拓展绿色婴童和文化时尚产业。公司的战略定位是“追求时尚、引领时尚”。公司目前女性时尚产业经营的主要品牌有：奢侈品牌、优雅成熟品牌、流行少淑品牌、时尚个性品牌等。未来，公司将在专业化的管理机制、国际化的研发设计和现代化的生产物流基础上，努力打造互联化的大时尚产业平台和时尚产业生态圈，并不断推进公司时尚文化产业的国际化布局。

2014年度，在全国重点大型零售企业服装商品零售额增速下滑的背景下，伴随着互联网的发展，人们消费模式也在发生着变化，线上消费对线下消费产生着巨大的冲击。受此影响，公司出现了自成立以来年度经营业绩伴着销售收入的首次下滑。

2014年度，公司继续深化并基本完成了内部管理结构的调整、渠道的优化和产品的创新升级，实施了外部多元业务扩展的整体部署，通过多品牌经营的策略继续发力中高端成熟品牌女装。同时，公司也结合国内外需求现状和消费模式的转变，通过产业链的延伸，进军绿色婴童产业，实现着公司稳步发展与战略性调整的经营目标。

公司的主营业务为品牌女装的设计、生产与销售，主攻中高端成熟女装市场。公司采用多品牌发展策略，各品牌在品牌定位、设计风格、目标客户等方面相互补充，使公司得以更大限度地占领市场，分散了公司的经营风险。

（1）巩固和发展现有女装品牌。报告期内，公司积极主动应对市场环境的冲击，为保证主营业务收入达到既定目标，公司分别在营销管理、产品研发设计和市场推广宣传上开展了如下工作：

①营销管理的精细化。主要体现在店铺服务流程化、销售管理电子化、视觉陈列数据化、货品配发精准化、店铺装修人性化、顾客维护系统化、实体电商一体化、人才培养梯队化、管理团队专业化。通过上述措施，确保了货品的及时供应和消费者满意度的提高。

②产品设计的专业化。各品牌以产品企划和设计为中心，从设计到采购，从面料开发到制衣，到最后的市场推出都统一以产品企划和设计为中心。同时，在所有品牌开发部引进 CAD 应用设备，提高了料率准确率的同时也大大提高了工作效率。

③广泛的开展市场推广活动。包括线上的传播、明星推广和线下的品牌日、新品品鉴等推广活动。

（2）进军母婴行业、延伸产业链。2014 年度，公司通过资本手段成为了韩国婴幼儿服装及用品第一大国民品牌上市企业阿卡邦公司的第一大流通股股东，不仅延伸了公司的产业链，进一步提升了公司的知名度，也为日后公司扩大跨国经营规模和提升跨境经营能力增添了良好的平台和途径。

（3）线上业务的积极拓展。互联网的发展促使着人们改变现有的模式和销售思路，处在变革的路上，公司也不满足于既有的线下销售端口和线上销售平台，也在积极主动地寻求符合公司中高端服装业务和未来发展战略规划的新模式和新平台。

2014 年 L 公司年报报出，对本公司的相关重大风险进行了提示如下：

（1）人力资源成本上升带来的经营风险。2015 年 1 月 12 日北京市人力资源和社会保障局发布了《关于调整北京市2015年最低工资标准的通知》，将北京市最低工资标准由1560元/月调增到1720元/月，增长比例10.26%。同时，随着公司规模的不断扩大，管理人员尤其是营销管理人才的需求也在不断增加。人力成本的上升必然在一定程度上推动经营成本的增加。

（2）市场需求状况影响公司销售收入水平。2014年国内中高端服装消费遭遇了行业和宏观经济带来的寒流，中高端百货和商业购物中心人流下降和商场费用上升明显，未来市场行情的走势，尤其是中高端服装的需求状况仍有许多不甚明朗的地方，这会对公司的销售造成一定影响。

（3）消费模式的变革对公司经营方式转型升级的影响。通过移动端、微信等新型时尚消费方式迅速普及，O2O经营模式在时尚消费领域已逐步取代传统的经营模式。为不断适应这一新的快速变化的市场需求环境，公司正在积极应对，并在打造大时尚产业平台、推进时尚文化产业的国际化布局和深度拥抱互联网、打造线上线下资源联动的立体时尚零售生态圈等方面寻求着新的战略定位和产业的全面升级。

公司治理结构方面报告期内，公司严格按照中国证监会规定以及《公司法》、《证券法》等相关法律法规的要求，不断完善公司法人治理结构，建立健全内部控制制度，优化信息披露管理流程，积极开展投资者关系工作，深层次规范公司运作，提高公司治理水平。公司董事会下设专门委员会有薪酬与考核委员会、审计委员会、提名委员会。

5.4.4.2 L公司包括职位资源在内的全面预算编制

从L公司的风险提示中可以看出，人力资源成本带来的经营风险很大程度上影响着企业的决策和业绩。这也凸显出了企业编制基于群体角度人力资源预算的全面预算的重要性。

L公司成立以来，产品销量和质量一直保持在行业前列，产品积攒了相应的口碑因此客户群一直比较稳定，以前年度公司的全面预算一直以销售为核心结合以成本为核心的预算管理模式保证一定的盈利空间。2015年之前L公司的预算主要包括：销售预算、生产预算、采购预算、人工费用预算、制造费用预算、产品成本预算、销售、管理费用预算、财务费用预算、现金收支预算、资产负债表预算、损益表预算、现金流量表预算等。现列举销售预算、生产预算编制方法如下：

（1）销售预算编制。每年 11 月份公司开始做下一年预算准备，对各个分公司下达指令，要求分公司对现有客户做评估，预测现有客户下一年度的采购情况，同时调查预算年度各种产品的市场需求状况以及竞争对手的动向等等，根据调查信息，预测预算年度老客户的采购情况以及新客户的开发情况和新产品的市场状况。调查过程中，各分公司需根据当地实际消费情况、上年度客户采购数量、竞争对手的情况拟订各产品适合当地的市场价格，结合成本控制目标，确定年度各产品销售数量和价格草案，并按期编制预算。

（2）生产预算编制。L 公司的生产部门根据销售预算，确定各种产品的市场需求量，再根据各种产品的预算期初存量和期末存量，拟订各期每一种产品的生产安排。

通过上述资料的介绍与分析，本书认为 L 公司全面预算方面存在的问题主要有：

（1）没有专门的预算管理机构，缺乏统筹。尽管从全面预算的内容上来说，L 公司的全面预算编制较为完整。但是在预算管理机构上，财务部门代执行预算管理事务，而财务部门负责人因对公司业务缺乏全局性把握，不能全盘考虑，部分事项上控制的尺度过于严谨，影响了公司个别部门的发展，也间接影响了公司的整体利益。

（2）没有专门的预算管理机构统一领导，各部门之间沟通有漏洞，造成不必要的损失。例如：财务部门和业务部门沟通不畅，部分框架性合同，财务部门没能理解其中的真正含义，在确定收入确认原则时过于谨慎，在会计准则的收入原则上加上了更加严苛的条件，即 100% 收款才确认收入，但是在合同中与客户约定客户交初验款的时候公司就得开具全额发票，尾款和初验款间隔时间一般在 6 个月以上，导致增值税提前入库 6 个月，增值税申报表收入和财务报表收入不能一一对应，账务处理时需要做大量的调整，不仅增加了工作量，还影响以后年度的增值税入库金额。

（3）只做短期预算，留有预算余款，不利于企业长期发展。2014 年之前 L 公司每年只做预算年度一年的预算，无论是销售预测还是费用及现金预测，只考虑预算当年的需求，即没考虑特殊情况也没考虑以后年度的预算需求，考核也只以预算年度的数据作为考核依据，导致每个部门在做预算的时候都留有一定的预算余宽，销售预测尽量小，而费用预算尽量大。不利于调动员工的积极性，对公司的长远发展更没有好处。

（4）尽管公司已经认识到人力资源的重要性，以及人力资源成本对企业经营的重大影响，但是企业的人力资源预算仍仅限于各部门分类向人力资源部门汇总人力资源下年需求这类基础层面，更无职位资源预算，从而不利于合理的规划企业不同级别职位资源内部人力资源投入，影响了该企业人力资源使用效率的提高，企业价值的增加。

因此在考虑了 L 公司原来全面预算存在的相关问题后，本书主张新的全面预算编制可分为以下几项。下述的全面预算均为包含不同级别职位资源预算及其内部人力资源预算的全面预算。

首先在机构设置上，L 公司预算管理决策机构的组成部门主要是董事会任命的预算委员会，其成员由各部门负责人组成，总经理是预算管理工作的第一责任人。预算委员会下设预算管理办公室，由财务部门负责人担任主要领导，负责日常的预算管理工作。预算管理委员会及预算管理办公室主要职责如下：

（1）预算委员会是实施全面预算管理的决策和管理机构。其工作职责是：组织实施包含基于群体视角人力资源预算的全面预算相关管理工作；审议通过预算管理规章及制度；审议通过预算方案及预算调整方案；监督预算执行及控制；监督预算考核和激励；领导预算管理委员会办公室工作。

（2）预算管理办公室负责包含不同级别职位资源的全面预算管理日常事务，其主要职责是：负责日常的预算管理工作；负责拟定预算管理制度及相关规定；负责部署预算编制工作；负责审查、汇总编制预算方案和预算调整方案，并提交预算管理委员会审议；负责预算方案和预算调整方案的上报和下达工作；组织检查预算执行与控制、预算考评与激励工作，并将检查情况报预算委员会；协调解决预算编制和执行工作中存在的问题。

全面预算管理执行机构是实施包含不同级别职位资源预算的全面预算管理的主体，包括公司内部所有职能部门。执行机构的主要职责包括：预算启动、预算编制和修改、预算执行分析与调整等。

L公司全面预算从预算内容上来说包括业务预算、资本预算、财务预算、职位资源预算。预算的编制主体等见表5–3。

表5–3　优化后全面预算编制状况表

<table>
<tr><th colspan="2">预算内容</th><th>预算编制部门</th></tr>
<tr><td rowspan="9">业务预算</td><td>销售预算</td><td>销售部门及各分公司</td></tr>
<tr><td>生产预算</td><td>生产部</td></tr>
<tr><td>直接材料采购预算</td><td>采购部</td></tr>
<tr><td>直接人工预算</td><td>生产部</td></tr>
<tr><td>制造费用预算</td><td>生产部</td></tr>
<tr><td>销售及管理费用预算</td><td>销售部及相关部门</td></tr>
<tr><td>营业外收支预算</td><td>相关部门</td></tr>
<tr><td>投资收益预算</td><td>财务部</td></tr>
<tr><td>税费预算</td><td>财务部</td></tr>
<tr><td rowspan="3">资本预算</td><td>融资预算</td><td>财务部</td></tr>
<tr><td rowspan="2">投资预算</td><td>生产部门</td></tr>
<tr><td>办公室及其他部门</td></tr>
<tr><td rowspan="2">财务预算</td><td>现金预算</td><td>财务部</td></tr>
<tr><td>预计报表</td><td>财务部</td></tr>
<tr><td>职位资源预算</td><td>基于群体角度人力资源预算</td><td>人力资源部门及其他相关部门</td></tr>
</table>

具体到不同级别职位资源预算（包括其内部人力资源组合），可按企业对不同级别职位资源内部人力资源方面投入的预期，结合常规全面预算中直接人工预算、制造费用、管理费用等预算填列表 5–4。

表5–4 L公司不同级别职位资源预算表

序号	项目	不同级别职位资源	基期金额	预测期金额
一	取得成本			
	招募成本			
	选拔成本			
	录用成本			
	安置成本			
二	开发成本			
	入职教育成本			
	入职培训成本			
	常规培训成本			
三	使用成本			
	维持成本			
	奖励成本			
	调剂成本			
四	保障成本			
	劳动事故保障			
	健康保障			
	退休养老保障			
	失业保障			
五	离职成本			
	离职补偿成本			
合计				

5.4.4.3 L 公司含有职位预算在内的全面预算执行与控制

在全面预算管理中，预算编制是预算执行的依据，编制完预算以后，预算管理的中心就变为关注预算如何有效执行，只有这样才能循序渐进确保预算目标的达成。如果只是编制预算，而未予以认真执行，则不能发挥预算预期的作用。要确保全面预算能发挥其应有的效用，L公司应该建立健全预算管理执行及控制体系。首先该体系的建立可以有效确保预算目标的达成，其次规范的管理可以将企业员工的工作积极性调动起来，有助于企业目标的实现以及对各种风险的防范。预算执行过程中L公司应坚守下列原则：首先，企业执行的预算要经过预算委员会及其他预算相关机构的批准，内部各部门的生产经营相关管理活动应严格按照预算要求的程度如：资金额、完成比进行，通常情况下，要保持预算的刚性，不得逾越。但是考虑到职位资源预算的特殊性，不像固定资产投资那样需要安装等时限，如果企业遇到很好的发展机遇如企业产品遇到爆发式增长的需求，需要进行更多的职位资源投入，则相关预算也要保有一定弹性。其次，预算的执行前提是企业总预算规定的责任的分解，这样方能保证执行主体有据可依、有据可评。最后，预算执行应以对应期间如年度等为期限，确保期限内相应预算目标的达成，对于未完成的预算项目，相关责任单位在分析具体情况的基础上可在以后期间予以弥补。

各预算单位对本单位预算执行情况要进行持续的跟踪和检查，控制是全面预算管理的重点和难点，预先设计的相关预算指标如果没有采取相应控制措施去保证实施就形同虚设。当前预算控制也是L公司全面预算管理的薄弱环节，针对这种情况，本书主张L公司应该从以下几个方面来加强预算执行的控制。

（1）L公司应建立适合公司实际经营情况的控制模式，在预算执行中加强主动控制因素，各预算执行单位层层控制，以相关量化指标的达成为控制依据，以此建立起高效、全面的预算控制体系。

（2）为了保证全面预算的实施，L公司应建立起相应的预警控制系统，对公司的预算实行事前、事中、事后的监督控制，对预算外事项进行严格的控制，明确相关预算外事项审批权限。同时，对预算内事项的完成情况进行执行监督，及时掌握相关预算的完成情况。实现预算目标的全方位控制管理。

（3）L公司应当依照全面预算管理制度的规定，确保各预算单位严格履行预算职责，规范各单位生产经营活动。

（4）L公司应研发出包含职位资源在内的全面预算管理信息系统，实现职位资源管理系统和财务资源管理系统的有效融合，从而优化企业资源控制情况，提高资源使用效率，使得企业可以利用优化后的全面预算创造更多价值。

5.4.4.4　L公司含有职位资源预算的全面预算的分析与考核

L公司对职位资源预算执行情况与预算目标之间的差异，及时的分析差距产生的原因，并提出改进的建议和措施确保预算目标的完成，为进一步的改进预算调整奠定基础，这一过程就是职位资源预算的分析。全面预算管理作为纺织服装企业改进生产经营效率的一种工具，其实行的目的是为了纺织服装企业战略目标的达成。L公司基于原预算分析基础对其进行优化，充分利用不同级别职位资源及其内部人力资源信息系统与财务资源信息系统的协同分析，从多角度对纺织服装企业不同级别职位资源及其内部人力资源投入等指标的完成情况进行汇总，以便及时将预算执行有关情况向预算委员会等预算机构汇报，加快预算当中问题发现和解决的速度，并能提出富有成效的解决方案。然后依据风险收益原则，L公司应将相应差异责任归属予以明晰。如因内部经营效率低下导致的预算差异，应利用责任追踪对不同级别职位资源及其内部人力资源做出相应的处惩。

L公司应建立健全预算差异分析制度，公司应在相应预算完成一定期间内，将各预算单位的执行情况汇总报告给预算管理办公室。后者则依据预算的情况，及时地对预算差异产生的原因进行分析，并对应提出相关改进建议，分析方法上主要采用与上期实际值以及预算值直接对比的方式。

针对L公司的预算与实际情况对比，本书设计了职位资源预算差异分析表（表5-5），该表主要是针对各级别职位资源预算在差异单位的主导和配合下，对差异进行量差、价差和结构差的分析，从而确定差异产生的方面。

表5-5　公司各级别职位资源预算差异分析表

职位资源	预算数	实际数	量差	价差
企业对该级别职位资源的投入				
期初该级别职位人数				
期末该级别职位人数				
本期该级别职位平均员工数				
该级别职位总可用人工工时				
该级别职位总人力资源投入				
该级别职位总人力资源投入增长率				
该级别职位单位工时人力资源投入				
该级别职位单位工时人力资源投入增长率				

同时，可根据上述表中数据分别不同级别职位资源计算职位资源投入相关差异。

不同级别职位资源预算总差异 = 不同级别职位资源投入实际数 – 不同级别职位资源预算数

不同级别职位资源预算数量差异 =（实际可用工时 – 预算可用工时）× 预算单位工时不同级别职位资源投入

不同级别职位资源预算价格差异 =（实际单位工时不同级别职位资源投入 – 预算单位工时不同级别职位资源投入）× 实际可用工时

预算分析对于整个全面预算管理过程非常重要，对于其中的不同级别职位资源预算更是如此，只有经过完善的预算差异分析，才可以对纺织服装企业不同级别职位资源的发生和预期状况进行对比，发现纺织服装企业经营中不同级别职位资源存在的问题，从而有利于 L 公司决策者能够更好地对未来不同级别职位资源投入进行决策；同时，不同级别职位资源及其内部的人力资源信息系统的使用也为不同级别职位资源及其内部的人力资源差异分析提供了有利的技术支持。

对于不同级别职位资源预算差异，不能像直接材料预算那样根据实际值、预算值的差额来判定企业是超支还是节支，还要结合不同部门的实际情况去综合考评预算的结果。

本书为简化说明，将L公司组织内部门简化成生产、销售、采购、研发、人力资源、财务六大部门，并为上述部门编制对应职位资源平衡计分卡用于评价企业职位资源投入效益。其中生产、销售、采购三大部门可直接对应企业业绩，分类为可直接对应企业业绩的部门。对于这类部门设计平衡记分卡评价部门职位资源投入产出效益时可供采用的财务维度、顾客维度指标较多，且这类部门可视为主要与外部相联系的部门，其顾客维度可认为是外部消费者、外部供应商等。直接对应产出部门职位资源平衡计分卡设计如下（表5-6～表5-8）：

表5-6 生产部门职位资源平衡记分卡

项目	指标	预算数	实际数
财务维度	营业毛利率		
	营业利润率		
	人均人力资源成本		
	其他（该级别职位平均薪酬增长率等）		
	单位产品人均人力资源成本		
	内部利润完成率		
	人力资源生产成本比		
	资产利用率		
	生产计划完成率		
	常规产品断货率		

续表

项目	指标	预算数	实际数
客户维度	顾客投诉率		
	客户满意度		
	产品退货率		
内部流程维度	生产成本降低率		
	交期准时率		
	废品率		
	设备利用率		
	标准工时下降率		
	常规产品断货率		
	产品返工率		
学习成长维度	高学历高职称员工比例		
	核心员工离职率		
	培训达标率		
	员工满意度		

表5–7　销售部门职位资源平衡计分卡

项目	指标	预算数	实际数
财务维度	营业毛利率		
	营业利润率		
	人均营业利润额		
	人均营业收入		
	单位营业额人力资源成本率		
	其他（该级别职位平均薪酬增长率等）		
	单位营业成本人力资源成本率		
	市场占有率		
	销售回款率		

续表

项目	指标	预算数	实际数
财务维度	销售收入增长率、人均销售收入增长率		
	核心产品利润率、销售费用控制率		
	销售费用率、客户增长率		
客户维度	客户投诉处理满意率		
	客户满意度		
	客户忠诚度		
	新客户开发率		
	新客户开发成本		
	客户投诉次数		
内部流程维度	新产品占销售额的比例		
	产品准时交付率		
	客户信息管理及时率		
	销售报告提交及时率		
	客户投诉响应及时率		
学习与成长维度	高学历、高职称员工比例		
	核心员工留职率		
	员工培训次数		
	员工满意度		
	部门培训计划完成率		
	下属员工技能提升率		

表5-8　采购部门职位资源平衡积分卡

项目	指标	预算数	实际数
财务维度	单位营业额人均采购成本		
	单位营业成本人均采购成本		
	采购计划完成率		
	采购费用控制率		
	存货周转率		
	采购产品合格率		
	平均仓储费用		
	其他（该级别职位平均薪酬增长率等）		
客户维度	优秀供应商比例		
	供应商履约率		
	供应商开发计划完成率		
	供应商一次检验合格率		
	新开发供应商数量		
内部流程维度	采购成本下降目标达成率		
	仓容利用率		
	及时到货率		
	货款结算无误率		
	订单处理周期		
学习成长维度	高学历、高职称员工比例		
	核心员工留职率		
	员工培训次数		
	员工满意度		
	培训计划完成率		

对于上述三部门，可将不同级别职位资源投入相关差异与职位资源平衡计分卡相关指标完成情况做对比，因三部门均为可直接对应产出的部门，因此在平衡计分卡相应指标完成度方面可在财务维度加大权重。

研发、人力资源、财务等三部门其部门不能直接对应企业业绩，因此将其作为直接对应产出的部门。对于这类部门其可用财务维度相关指标较少，主要体现为相关部门费用节约额等。而如内部流程指标、学习成长类指标则可较多；对于顾客维度指标，因为上述三部门从其日常部门活动角度来看主要是为企业内部服务的，不同于传统的平衡计分卡中顾客维度的确认，本书主张将其“顾客”视为企业内部其他相关联部门，如研发部门对应着顾客可认为是企业生产、销售等部门；人力资源部门因其在人员招聘，工资计算等方面与企业各类职能部门都有着一定联系，因此其“顾客”可认为是企业内部所有职能部门；财务部门因涉及费用报销、各类报表编制等，也可认为其“顾客”为企业内部所有职能部门。因此上述非直接对应企业业绩的部门，在顾客维度相关指标的选择方面会与生产等三部门不同，其指标的选择会更多地关注部门职能完成的内部满意度，部门之间协作紧密度等这类指标进行设计。

非直接对应产出部门职位资源平衡计分卡设计如下（表 5–9~ 表 5–11）：

表5–9　研发部门职位资源平衡积分卡

项目	指标	预算数	实际数
财务维度	研发费用增长率		
	新产品市场占有率		
	新产品销售收入比		
	新产品营业利润比		
	研发项目成果达成率		
	新产品一次通过率		
	研发费用营业收入比		
	研发费用营业成本比		

续表

项目	指标	预算数	实际数
财务维度	单位研发费用人力资源投入		
	其他（该级别职位平均薪酬增长率等）		
	新产品开发数量		
客户维度	新产品客户满意度		
	新产品客户投诉比		
内部流程维度	研究项目周期律		
	项目改进成本降低率		
	项目评审合格率		
	技术创新材料消耗降低率		
	技术创新标准工时降低率		
学习成长维度	高学历、高职称员工比例		
	核心员工留职率		
	员工培训次数		
	员工满意度		
	培训计划完成率		

表5–10　人力资源部门职位资源平衡积分卡

项目	指标	预算数	实际数
财务维度	招聘费用控制率		
	培训费用控制率		
	培训考核达标率		
	培训计划完成率		
	绩效考核计划完成率		
	招聘计划完成率		
	其他（该级别职位平均薪酬增长率等）		

续表

项目	指标	预算数	实际数
客户维度	员工薪酬满意度		
	配置部门满意度		
	任职资格达标率		
	人事处理满意度		
	招聘人员适岗率		
内部流程维度	合同管理出错次数		
	招聘空缺职位所需平均天数		
	劳动争议处理及时率		
	工资报表编制及时率		
	绩效报告提交及时率		
学习成长维度	员工薪酬满意度		
	核心员工离职率		
	员工投诉次数		
	高学历、高职称员工比例		
	员工培训次数		
	员工满意度		

表5-11　财务部门职位资源平衡积分卡

项目	指标	预算数	实际数
财务维度	财务费用降低率		
	资金利用率		
	投资收益率		
	融资任务完成率		
	财务预算达成率		
	筹资成本率		
	资金周转率		
	其他（该级别职位平均薪酬增长率等）		
客户维度	部门协作满意率		
	资金供应延迟次数		
	费用报销及时率		
	财务报告提交及时率		
	预算方案提交及时率		
	报销工资发放及时率		
内部流程维度	财务报告的准确率		
	账务出错率		
	财务系统故障率		
学习成长维度	高学历、高职称员工比例		
	核心员工留职率		
	员工培训次数		
	员工满意度		
	培训计划完成率		
	员工有效建议数		

企业高管层面职位资源平衡积分卡的设计则是综合了上述两大类部门的特点之后进行设计，从企业整体上来确定关键评价指标（表5-12）。顾客维度则是兼顾了企业外部客户以及企业内部各职能部门协调程度等来选择。

表5-12 企业高管层面职位资源平衡积分卡

项目	指标	预算数	实际数
财务维度	净资产回报率		
	主营业务收入增长率		
	利润增长率		
	总资产周转率		
	成本费用利润率		
	其他（该级别职位平均薪酬增长率等）		
客户维度	市场占有率		
	品牌市场价值增长率		
	客户投诉次数		
	部门协作满意度		
	客户满意度		
	供应商满意度		
	有效投诉处理率		
内部业务流程维度	产品缺陷降低率		
	顾客需求反应时间		
	存货周转率		
	订单处理时间		
	财务报告及时率		
	新产品开发周期		
	生产成本降低率		

续表

项目	指标	预算数	实际数
学习成长维度	核心员工保有率		
	员工流失率		
	培训计划完成率		
	员工满意度		
	外部学习交流次数		
	员工个人目标实现度		

若纺织服装企业职位资源投入实际数较预算数增长比例小于平衡计分卡相应指标实际较预算增长比例，则说明纺织服装企业的职位资源支出虽然超出预算，但相应的职位资源投入获得了超额的回报，相对应企业的职位资源投入预算偏紧，在下期编制预算时要根据企业环境变化等因素适当放宽预算，加大该部门职位资源投入，以换取该级别职位部门更大的职位资源产出效应。

若纺织服装企业职位资源投入实际数较预算增长比例大于平衡计分卡相应指标实际较预算增长率，则表明企业当期的职位资源投入没有在业绩上对应相应产出，应接下来对职位资源投入的明细进行分析，如若为取得成本、开发成本等短期内不能对应效益的职位资源增长导致了上述结果，则不应简单将相应预算在下期缩减，应对比下期相关平衡计分卡的评价指标变动来做削减预算等决定；若为使用成本、保障成本等常规性职位资源支出的增长导致，则在考虑企业外部经营环境等情况下，可考虑合理减少下年度职位资源预算在这类的投入。

若纺织服装企业职位资源投入实际较预算未完成比例大于平衡计分卡相应指标实际较预算未完成比例，首先从预算完成情况来看，该纺织服装企业职位资源预算并未达成，应进行具体分析。若职位资源预算与平衡计分卡相应指标均未完成，则应结合企业外部经营环境及行业和竞争对手相应业绩完成情况进行分析。若平衡计分卡相应指标未达标为外部环境原因或行业常态，则对应的职位资源预算可根据下期企业经营等方面预测的变动予以调整；若平衡计分卡相应指标未达标甚至未能达到行业均值，则为本纺织服装企业经营问题，需在下年度调整企业职位资源相关政策，对于纺织服装企业使用成本中如激励成本等投入可加大激励力度，同时也要明确企业晋升淘汰机制，加大对职位资源投入的监督。

当然，对于上述预算考核还要结合不同级别职位部门具体实际来考虑，如对于研发、人力、财务职位等侧重对内服务、不直接对应外部产出的部门，在考核时要重点考核部门职位资源投入有没有带来部门职能效率的优化。

5.4.5 结论与建议

5.4.5.1 结论

全面预算作为企业战略和经营之间的桥梁，对于企业经营决策的效率及效果具有十分重要的影响。但是传统的全面预算在预算编制思想及预算考评上都重点关注企业的财务资源，这是由于当时企业发展对于财务资源的依赖以及当时管理思想的影响。但是，随着社会的不断发展、管理理论及水平的不断提升，职位资源对于企业的影响逐渐凸显出来，甚至在某些行业如时尚、文化创意等职位资源及其内部的人力资源对于企业价值的影响甚至超过了财务资源。因此将职位资源预算融入到全面预算之中，更好的分配企业职位资源为企业战略、企业价值服务已是当务之急。

本书在回顾了全面预算管理的基本理论的基础上，指出了当前全面预算存在的问题，表明将职位资源预算引入全面预算的重要性。然后对纺织服装企业职位资源预算的编制进行了阐述，即从职位资源视角去编制预算，这样就解决了职位资源内部人力资源个体计量引起的预算编制复杂及成本效益问题，在预算编制完成后，着重对职位资源预算的差异分析和考核进行设计，并引入平衡计分卡的思想对预算进行综合考核。

本章的主要结论和创新之处如下：

（1）将职位资源预算引入全面预算体系。将职位资源预算引入到全面预算管理体系以实现当前全面预算管理的优化。为企业更好地利用全面预算为企业战略服务、增加股东财富创造有利条件。同时，职位资源预算的加入，也使得全面预算的编制在思想和内容上都更加全面，是理论界对职位资源及其内部人力资源的重视与实务的结合，也使得管理思想能够更好地为企业发展实际服务，真正做到理论从实践中来，到实践中去。

（2）提出构建不同级别职位资源预算方法。从不同级别职位资源视角编制职位资源预算，并以各职位部门为编制主体，通过常规全面预算的各关联预算提取数据并结合不同级别职位以及对各职位内部人力资源投入的预测，编制相关级别职位资源预算。由于企业人力资源个体计量较为复杂且成本较高，因此本书尝试从人力资源所处职位角度编制职位资源预算，这样就解决了人力资源预算编制的问题。

（3）设计部门人力资源平衡积分卡考核不同级别职位资源预算实施结果。常规的预算考核指标的设计侧重于财务方面的考核，首先从资源利用角度来说，财务资源和人力资源及其所处职位的共同利用才有了企业的价值提升，单一的财务考核可能会对某些部门不公平。其次，平衡记分卡是一种很好的业绩评价工具，从企业整体到个人都可以编制，因此对应职位资源预算设计部门人力资源平衡计分卡有着其合理性。

5.4.5.2 建议与不足

随着我国企业的不断发展，人力资源及其所处职位愈发为现代企业所重视。包含职位资源预算的全面预算管理体系有助于企业人力资源的管理进而有助于提高企业价值。但是，在实施优化后的全面预算时应注意以下几点：

（1）企业需结合自身实际编制职位资源预算的相关预算制度，使得预算工作有章可循。同时企业要对相关预算编制人员进行专门培训，不同于传统全面预算的编制思想，企业预算编制人员在侧重点上要从单一专注财务资源的分配和考核到财务和职位资源分配及考核并重，同时相应的部门预算编制员工因以往对职位资源预算接触较少，因此必要的培训才能保证预算编制的准确性以及预算考核的合理性。

（2）注重发挥优化后的全面预算管理与企业战略的协同效应。包含职位资源预算的全面预算的设计和实施也是为了更好地实现企业战略目标，同时企业战略的适当与否也能通过预算的执行反馈情况显现出来，因此在实施优化后的全面预算时，尤其要关注两者的协同效应带给企业价值的增加。

（3）建立完善的预算管理调整制度。预算编制完成下发后，企业内部应严格执行，但是预算也不是完全一成不变，当企业面临的实际情况与当初编制预算时预计的情况有较大出入时，如宏观政策的改变使得企业面临更大的发展机遇时，相应的企业加大职位资源的投入，调整职位资源预算，也是更好地为企业服务、对股东负责的一种体现。

（4）建立完善的全面预算管理信息系统。优化后的全面预算的编制对于预算编制的准确性和及时性要求更高，因此企业需要有着完善的信息系统使得企业的外部环境或内部环境发生变化时，信息系统能将信息充分的反映到预算决策人员。另外，完善的信息系统建设，也使得企业在进行预算差异分析和考核时更准确，对于预算的调整更及时。

本书的不足之处主要有两点：

（1）没有对L公司实施优化后的全面预算效果进行持续跟踪，具体预算实施的效果没有实际情况加以佐证。

（2）由于知识和能力有限，基于职位资源预算的相关理论和指标的设计还有待深入探讨，需在今后的研究和实践中进一步完善和改进。

5.5 本章小结

本章针对当前人力资源控制存在的缺陷，从职位资源角度探讨人力资源控制的优化，从而减少设计缺陷、提高控制效率。首先探讨了从人力资源控制到职位资源控制——视角转换与效率变迁。因为企业职位配置的合理与否，势必会影响人力资源引进、开发与管理等控制。然而，我国所规范的内部控制整体框架体系中，有关人力资源的控制更多侧重于对人力资源实体流（即人力资源引进与开发、在企业内部的配置、使用与退出管理等）的控制，未能从人力资源所处职位的角度识别控制风险、设计控制活动。在上述分析的基础上，本章重点探讨了职位资源控制方法——预算控制。

6

基于产权视角的我国纺织服装企业高管职位资本治理

Chapter 6

长期以来，我国纺织服装企业长期处于产业链低端，不重视经营管理者的人力资本产权。这不仅导致企业管理水平有待提高，而且影响企业服装品牌的开发、竞争优势的确立。本章以此为切入点，从产权角度探讨我国服装企业高管职位资本治理。职位资本治理的路径在于：以战略为指引，合理规划高管职位、尊重高管职位资本所有者的生产要素主体地位、赋予与产权主体相对应的收益权，建立以经济效率为导向，市场化的高管薪酬对价机制以及高管职位业绩考核机制，从而激发高管职位资本所有者作为产权主体的功效，提升我国纺织服装行业竞争力，实现我国由纺织大国向纺织强国的转变。

6.1 我国纺织服装企业高管职位资本治理的必要性

当前我国传统产业产能过剩、全球大宗商品价格持续下跌，中国经济面临日益严峻的国内、外环境。作为传统产业支柱之一的我国纺织服装行业也面临结构转型与供给侧改革。在此背景下，我国纺织服装企业如何充分激发经营管理者的潜能，则成为该行业提高管理水平、消化剩余产能、提升纺织服装品牌知名度与营销能力、实现行业结构转型与产业升级的关键。然而，长期以来我国纺织服装企业处于产业链的低端，不重视经营管理者的人力资本产权。这导致企业管理水平有待提高、影响企业服装品牌的开发、竞争优势的确立。本书以此为切入点，将纺织服装企业高管所处职位视为资本和立论的基础，并从产权角度探讨我国纺织服装企业高管职位资本治理。

从本质上看，职位资本即以每一职位为单位确定的人力资本组合（耿建新，朱友干，2009）。该组合投入企业形成综合生产力，解决了人力资本个体流动性差异对组织生产效率的影响。高管职位即企业内部经营管理者所处工作岗位，而高管职位资本即经营管理者人力资本个体组合。该组合在企业目标下凝聚经营管理者人力资本个体的向心力，决定了企业管理水平。职位资本治理是确保企业战略目标和年度的落实以及约束人力资本个体的权利边界。职位资本治理涉及企业内部不同级别职位资本的配置以及协调不同级别职位权责的一整套不同级别职位权力分配和制衡与激励机制。职位资本治理的内涵主要包括各级别职位内部人力资本配置、权责分配、激励措施、绩效考核等环节。循此思路，我国纺织服装企业高管职位资本治理的路径在于：以战略为指引，合理配置高管职位、尊重高管职位资本所有者的生产要素主体地位、赋予与产权主体相对应的收益权，建立以经济效率为导向，市场化的高管薪酬对价机制以及高管职位资本考核机制，从而激发该类企业高管职位资本所有者作为产权主体的功效、提升我国纺织服装行业竞争力，实现企业价值。

6.2 我国纺织服装企业高管职位资本治理与公司治理的关系

6.2.1 公司治理基本理论

6.2.1.1 公司治理的基本内涵

公司治理是现代企业制度中最重要的组织架构。从本质上看，它是一种企业内部契约性安排——合理配置公司控制权和剩余索取权、协调公司有关利益各方的一整套内部权力分配和制衡机制。由此可见，公司治理涉及股东、董事会、经理层和其他利益相关者。各个相关利益主体之间通过交易关系的制度安排，提高企业经营效率、降低经营风险，并对公司股东、经理人员、职工等重大利益相关者之间形成一种制度约束，并实现对各方激励与约束的平衡。

公司治理理论是随现代企业制度下两权分离应运而生。19 世纪 70 年代以前，企业所有权与经营权两权合一，此时，几乎不存在公司治理存在的土壤。19 世纪 70 年代至 20 世纪 20 年代，由于企业规模的扩张，企业所有者逐渐将经营权移交给公司经营者——职业经理人。20 世纪 30 年代至 70 年代，科技革命推动现代公司发展的同时也促进了企业的所有权与经营权分离，并达到了高潮。此阶段资本的价值形态同实物形态相分离，企业经营者的控制权不断扩大，公司治理问题引起人们的关注；20 世纪 80 年代至今，经理人员权力过度扩张，所有者与经营者之间的矛盾开始加剧，急需通过设立一套制度，明确界定各方权责利关系，使委托人能够监督和激励代理人为实现企业的经营目标而努力工作。于是，便出现公司治理理论。

6.2.1.2　公司治理的理论基础

自 1932 年美国学者贝利和米恩斯提出公司治理结构的概念以来，众多学者从不同角度对公司治理理论进行了研究，其中具代表性的是超产权理论、两权分离理论、委托代理理论和利益相关者理论，它们构成了公司治理结构的主要理论基础。

（1）超产权理论。超产权理论是在 20 世纪 90 年代以后兴起的一种治理理论，是产权理论经过实证解释和逻辑演绎的结果。该理论认为，企业产权改革、利润激励只有在市场竞争的前提下才能发挥作其刺激经营者增加努力和投入的作用。要使企业完善自身治理机制，基本动力是引入竞争，变动产权只是改变机制的一种手段。该理论的基本观点有：产权改革并不能保证公司治理结构就一定变得有效率，竞争才是保障治理结构改善的根本条件。英国经济学家马丁和帕克经过实证研究后发现，在竞争比较充分的市场上，企业产权改革后的平均效益有显著提高，而在垄断市场上并没有明显提高，相反，一些未私有化的国有企业由于引入内部竞争机制而走出困境的事例也有很多，澳大利亚经济学教授泰腾朗的研究结论也与此相似。因此，他们认为，企业效益主要与市场结构即市场竞争程度有关，因而企业通过产权改革等措施改善自身的治理结构还不够，重要的是要引入竞争性的动力机制。

对经营者的利润激励与企业绩效的提高并不总是正相关，只有在市场竞争的前提下才是如此。在没有或不完全竞争的市场上，经营者完全可以通过人为抬价来“坐收地租”式地增加自己的利润收益，而不会努力地增加自己的投入，这种情形只有在市场存在较充分的竞争时才会改变。此外，现代企业的经营者不但受剩余索取权的激励，同时还要受剩余控制权收益的激励。控制权收益越高，经营者就越重视他的控制权，这种控制权收益激励同样随市场竞争程度加大而发挥更大的作用。

超产权论作为公司治理理论的分支，为公司治理提供了新的理论基础。它通过引入市场竞争概念，诠释了国际上部分国有企业特别是国有控股公司成功的经验，同时，也为健全和完善公司治理结构以新的启示：只有健全和完善市场体系，并通过积极而主动地参与市场竞争，才能建立起有效的公司治理结构，确保多方利益得以有效实现。

（2）两权分离理论。两权分离理论即公司所有权与控制权分离理论，它是随着股份公司的产生而产生的。该理论的代表人物是贝利、米恩斯和钱德勒等。贝利和米恩斯在1932年出版的《现代公司与私有产权》一书中，对美国200家大公司进行了分析，发现在这些大公司中相当比例的是由并未握有公司股权的高级管理人员控制的。由此得出结论：现代公司已经发生了“所有与控制的分离”，公司实际已由职业经理组成的“控制者集团”所控制。钱德勒认为，股权分散的加剧和管理的专业化，使得拥有专门管理知识并垄断了专门经营信息的经理实际上掌握了对企业的控制权，导致“两权分离”。

（3）委托代理理论。所有权与控制权分离所带来的最直接问题，是作为失去控制权的所有者如何监督制约拥有控制权的经营者，以实现所有者利益最大化为目标去进行经营决策，而不是滥用经营决策权，这同时也是委托代理理论所要解决的核心问题。委托代理理论是公司治理理论的重要组成部分，该理论将在两权分离的公司制度下，所有者（委托人）和经营者（代理人）双方关系的特点归结为：经济利益不完全一致，承担的风险大小不对等，公司经营状况和资金运用的信息不对称。经营者负责公司的日常经营，拥有绝对的信息优势，为追求自身利益的最大化，其行为很可能与所有者和公司的利益不一致，甚至于侵损所有者和公司的利益，从而诱发风险。为了规避这一风险，确保资本安全和最大的投资回报，就要引入公司治理这一机制，实现对经营者的激励和监督。委托代理理论的基本思想是：公司股东是公司的所有者，即委托代理理论中所指的委托人，经营者是代理人。代理人是自利的经济人，具有不同于公司所有者的利益诉求，具有机会主义的行为倾向。所以，公司治理结的中心问题就是解决代理风险问题，即如何使代理人履行忠实义务，具体地说，就是如何建立起有效的激励约束机制，督促经营者为所有者（股东）的利益最大化服务。

（4）利益相关者理论。20 世纪 80 年代以后，公司治理问题受到理论界越来越多的关注和重视。在公司治理理论的发展过程中，逐渐产生了以“股东利益至上”为基础的单边治理和以“利益相关者”为核心的共同治理两种代表性的治理理论。

①“股东利益至上”的单边治理理论。以“股东利益至上”为基础的单边治理理论认为：企业是股东的企业，股东拥有企业的全部所有权，企业的目的是股东利益最大化，从而主张“资本雇佣劳动”即物质资本主导治理模式的稳定性和合理性。其代表人物主要有 Shleifer、Vishny 和 Tirole 等。例如：Shleifer 和 Vishny 认为公司治理的问题是如何保证向公司所提供资金的供给者能够从投资中获得收益；Tirole 认为公司治理的标准定义为对股东利益的保护。单边治理的理论依据是现代企业理论和委托—代理理论。由科斯开创的企业理论回答了为什么企业必须按照股东利益最大化目标经营的问题，比如：Alchian 和 Demsetz 曾经从团队生产的监督差别角度解释了最优的契约形式是由监察者拥有古典企业的剩余索取权，从而为资本家得到企业利润提供了证据；Grossman、Hart 和 Moore 等人从资产专用性和不完全契约的角度证明了由于物质资本的专有性和不可证实性使得物质资本的所有者应该掌握企业的所有权（即剩余控制权）；Jensen 和 Meckling、Fama 和 Jensen 等人也分别从代理成本角度、风险分担和决策程序角度证实了企业为股东所有并为股东利益最大化经营的合理性。可见，企业理论的成熟和完善为股东利益至上的观点提供了最强有力的理论支持。而委托—代理理论则为如何进行公司治理机制的构建提供了理论上的支持。“股东利益至上”的单边治理理论主要研究委托人如何设计激励—约束机制使代理人努力工作。

对于为何只有股东才拥有企业的公司治理权，即公司治理的权力来源问题，“股东利益至上”的单边治理理论主要有两种理论流派：一是剩余索取权理论；二是剩余控制权理论。

“剩余索取权”理论认为谁承担剩余索取权，就承担了剩余风险，从而具有对公司进行治理的权力，并认为所有者是剩余索取权的天然拥有者，占有剩余的动机促使所有者关心企业的生产经营。所有者追求的是剩余最大，而经营者追求的是自身报酬最优，在给定企业收益的情况下，二者的利益相互侵蚀使得所有者产生对经营者治理的需要来保护自己的利益。“剩余索取权”理论可以直接追溯到18世纪末法国庸俗政治经济学的鼻祖萨伊。萨伊认为，劳动、资本和土地是商品生产的三个要素，是其价值的源泉，每一个生产要素的所有者都应得到他们各自创造的收入，即工人得到工资、资本家得到利息、土地所有者得到地租。若当事人行为和企业的产出均可测，可以依据各个要素所有者的贡献来给予这些当事人应该得到的收入，这样，企业生产分配效率达到最优，帕累托最优分配均衡实现。但是，由于信息不对称，主体行为不可测、产出不可测或二者均不可测成为现实世界的主要特征，人们无法准确地判定企业所有未来可能出现的状态以及各种状态下各要素所有者的贡献，这样就不能按照要素的贡献进行分配，最优帕累托分配均衡无法实现。“剩余索取权”理论认为，在这种情况下，就必须让某一类或几类人承担剩余索取权，并且由不同的人承担带来的效率也不一样，企业产权安排和产出效率以及物资资本更高的偿付能力等原因决定了资本提供者有占有企业剩余的可能。具体到公司治理，就是只有股东才能成为公司治理的主体。

用“剩余索取权”理论指导公司治理的缺陷主要表现在以下三个方面：

首先，“剩余索取权”本身未必是一个好的概念。在Jensen和Meckling的契约分析框架中，他们用剩余索取权来定义企业所有权和投资者权力，指的是对企业收入在扣除掉所有的固定的合同支出（如成本、固定工资、利息等）的余额要求权。但是，剩余收入往往是多方分享，特别是在新经济背景下，不单只有投资者，其他人比如经理人员甚至普通员工也参与剩余收入的分配，从而也具有剩余索取权。这使得在很多情况下谁是剩余索取者是不清楚的，比如在两方都获得一个变化收入的前提下，我们不能说一方是另一方的剩余收入索取者。其实，Hart就曾对剩余索取权的概念进行过批评，因此他转而用剩余控制权来定义投资者的权力。

其次，将本来作为分配理论的“剩余索取权”理论用在公司治理理论上也存在着重大的问题。剩余索取权的分配理论属性使得其研究范围狭窄，它只能将企业收入分配者纳入研究范围，而将那些不参加分配但是有可能参与公司治理的主体排除在外，比如承担商业银行经营风险的政府或者存款保险机构，它们只是商业银行经营活动的外部者，并不参与企业收入分配，但却要参与商业银行的治理。

最后，显然，“剩余索取权”理论不是将实际中是否获得剩余收入作为判断是否具有剩余索取权的标准，因为现实中不仅仅是股东获得剩余收入，该理论没有回答如何判断谁具有剩余索取权。

“剩余索取权”理论没有提出一个在现实中如何判断谁具有剩余索取权的方法，只是有一个股东先天就应该获得剩余索取权的先验假设，这样，该理论便无法从现实中检验，这是其最大的一个理论缺陷。

综上所述，“剩余索取权”理论的缺陷使得运用它来指导公司治理实践面临着一些问题。但“剩余索取权”理论认为由于股东承担剩余收入从而承担风险才会有治理要求的思路却是正确的。

剩余控制权理论认为：在完全的契约条件下，是不存在剩余的控制权的，因为这时所有的权利都能通过契约得到界定，都有主体。正是由于契约是不完全的，使得不可能在初始合同中对所有的或然事件及其对策都做出详尽可行的规定，这就需要有人拥有“剩余控制权”，以便在那些未被初始合同规定的或然事件出现时做出相应的决策。那么，如何将这些不同的控制权在外部投资者和经理人之间进行有效的分配呢？该理论认为，这种权力天然地归非人力资本所有者所有，物质资本所有权是这种权力的来源。在这种理论的指导下，将股东作为公司治理的主体就合情合理了。

该理论同“剩余索取权”理论一样，也存在着很多的问题，表现在以下几个方面：

首先，“剩余控制权”理论的前提是不完全契约理论，但是契约在多大程度上是不完全的呢？很多学者对此提出了质疑。Hart 等人认为合同的不完全性主要来源于相关变量的第三方不可证实性，但是 Tirole 就深刻地认识到合同当事人所真正关心的并不是具体的或然事件本身，而是或然事件对支付的影响，并且只有当两种或然事件对支付的影响无法被区分时，才会影响契约的完全性，这样就削弱了不完全契约理论的基础。博弈理论也证明了在多次重复博弈而非一次静态博弈时，契约相关变量的不可证实性对当事人行为的影响也会削弱。因此，抽象地谈论契约绝对意义上的不完全性是没有意义的，剩余控制权理论还没有一个坚实的理论基础。

其次，“剩余控制权”的内涵和外延并非十分清晰。本来“剩余控制权”是指“可以按照任何不与先前的合同、惯例或法律相违背的方式决定资产所有用途的权力”，但是，由于现实中很多治理的权力已经在合同中作了规定，所以在很多文献中，剩余控制权和控制权经常混用，就连 Hart 和 Moore 自己也不得不承认“事实上我们并不区分合同规定的控制权和剩余控制权，而且事实上剩余控制权等同于完全控制权”。

再次，同“剩余索取权”理论一样，“剩余控制权”理论的“资本强权观”也只是一个先验性的假设，其存在条件和适用范围从来都没有被认真考察过。该理论认为物质资本所有权是这种权力的来源，但是不能回答人力资本的所有权为什么不能带来这种权力。并且，很多学者也意识到这种抽象意义上的“剩余控制权”没有意义，从而转向了研究那些拥有信息和知识优势的代理人对企业资源的实际控制权，比如 Aghion 和 Tirole 等就认为应该在名义与实际的控制权之间划出清晰的界限。

此外，“剩余控制权”理论存在着内部逻辑不一致的矛盾。在 Grossman 和 Hart 等模型中，投资者天然拥有剩余控制权，但是这是建立在当事人不受财富约束的条件上的。一旦放弃这个不现实的假设，投资者的天然的剩余控制权就可以转移给无资产的企业经营者，比如 Aghion 和 Bolton 就得出了“控制权相机转移”的结论，认为在企业经营状态好时企业家应获得控制权，反之投资者应获得控制权。这其实已经否定了“股东至上”单边治理结构的传统观念。

最后，“控制权”概念与“治理”概念的内涵不一致。“控制权”中不但包括治理的权力也包括管理的权力，将二者统一起来研究不会得出任何对治理有意义的结论，最终的结论只能是“控制权”在企业中的分配的多元性，即多方占有“控制权”。可以看出，“剩余控制权”理论仍然存在很多的问题需要解决，但是其认为股东是最后的风险承担者，就应该获得控制敲竹杠风险的权力，这种思路是值得肯定的。

②利益相关者共同治理理论。利益相关者理论的萌芽始于 Dodd，但是其成为一个独立的理论分支则得益于 Freeman 的开创性研究。与传统的“股东至上”理论不同的是，“利益相关者”共同治理理论认为公司是一个责任主体，在一定程度上还必须承担社会的责任，企业追求的不能仅仅限于最大化股东利益，而且也要考虑其社会价值方面。任何一个企业的发展都离不开各种利益相关者的投入或参与，当这些利益相关者在企业中注入了一定的专用性投资后，他们或是分担了一定的企业经营风险，或是为企业的经营活动付出了代价，就应该参与治理并分享公司控制权和剩余索取权。利益相关者理论的代表人物主要有 Blair、Porter 等。

“利益相关者”理论其发展过程中产生了很多流派，但是都认为在公司治理中应该考虑到利益相关者的利益诉求。“专用性投资”理论是“利益相关者”理论最主要的权力观之一，代表性观点主要有：Freeman 和 Evan 认为由于利益相关者也投入了专用性资产，所以也应该考虑其利益；Blair 从人力资本专用性的角度，指出利益相关者向公司投入了专用性资产，并由此承担了公司的剩余风险，那么就应该享有相应的剩余索取权，即应该参与公司治理；Rajan 和 Zingales 认为企业是市场不能完全复制的专用性投资的联结，谁掌握了这种决定企业准租金生产的专用性投资，谁就获得权威。可以看出，与科斯将企业的权威归结为外生的、阿尔钦和德姆赛茨将企业的权威归结为团队生产中监督的需要不同，“专用性投资”理论将企业的权威归结为专用性的投资。

“利益相关者”共同治理理论关注利益相关者（特别是人力资本所有者）的利益，希望改善公司治理结构，这是应该充分肯定的。该理论可能指出了公司治理结构演变的方向，也在一定程度上引导着现实中公司治理结构的完善，这都具有重要的理论和实践意义。但是，“利益相关者”共同治理理论无论从逻辑上还是从实践上都存在一定的遗憾：

首先，利益相关者很难完全界定。一个企业的利益相关者可以无限扩展到所有的人，但是，显然我们不能把所有的人都作为企业的治理主体。即便按照利益相关度和相关形式的差异来详细划分，也不能完全界定利益相关者。

其次，利益相关者之间的利益冲突可能会增加交易成本。即便能够确定与公司利益相关的主体，那么肯定不会是一个小的数目。如果他们都参与公司治理，利益相关者之间的利益冲突使得治理结构的组织成本也许非常大，这难以保证公司运作给利益相关者带来更大的利益。

再次，利益相关者的利益可以通过相对股东来说更加完备的契约来保护。“专用性投资”理论认为每个利益相关者都为公司贡献了关系专用性资产，但是对于绝大多数利益相关者来说，这种专用性相对于其通用性来说是很弱的，与股东投入资产的专用性相比也微不足道。因此，这不足以成为利益相关者参与公司治理的依据。而且，虽然利益相关者都承担了公司的风险，但是他们要么承担的风险可以通过某种契约得到补偿，要么具备优先偿付权，这样，如果赋予他们公司治理权力的话，他们就可以通过“敲竹杠”的方式侵犯最后风险承担者的利益，因此，只有最后的风险承担者，才应该获得控制“敲竹杠”风险的权力，即公司治理的权力。

最后，现有文献中也缺乏利益相关者参与治理与企业绩效之间关系的实证研究，从而不能为“利益相关者”共同治理理论提供有力的证据。可见，“利益相关者”理论虽然认识到风险在决定公司治理主体中的作用，但是没有认识到并不是所有的风险都能导致其承担主体参与公司治理。

6.2.2 我国纺织服装企业高管职位资本治理与公司治理的关系

我国纺织服装企业长期处于产业链低端，不重视经营管理者的人力资本产权。这不仅导致企业管理水平有待提高，而且影响企业服装品牌的开发、竞争优势的确立。

我国纺织服装企业也是各种生产要素的所有者为了各自目的联合起来

而组成的一种具有法人资格的契约联合体——物质资本所有者、职位资本所有者之间的契约关系。本书主张在利益相关者理论为基础的多边治理理论下，实现纺织服装企业高管职位资本治理。纺织服装企业高管职位资本治理是依据有关各方依据法律和合约规定，对公司高管岗位及其经营活动的权责治理——表现为高管职位内部不同层次人力资本所有者之间的权利制衡关系。从静态上看，纺织服装企业高管职位资本治理表现为一种结构和关系，从动态上看，则表现为一个过程和机制。简言之，我国纺织服装企业高管职位资本治理的路径在于：以战略为指引，合理规划高管职位、尊重高管职位资本所有者的生产要素主体地位、赋予与产权主体相对应的收益权，建立以经济效率为导向，市场化的高管薪酬对价机制以及高管职位业绩考核机制，从而激发高管职位资本所有者作为产权主体的功效，提升我国纺织服装行业竞争力，实现我国由纺织大国向纺织强国的转变。

我国纺织服装企业高管职位资本治理与公司治理的关系在于：

（1）高管职位资本治理是公司治理的一部分。众所周知，公司治理是一套制度安排，用于支配若干在企业中有重大利害关系的利益相关者——投资者、管理人员、职工之间的关系，并实现各利益相关者的诉求。由此可见，公司治理包括：如何配置和行使控制权；如何评价和监督董事会、经理人员和员工；如何设计和实施激励机制。这些都是我国纺织服装企业高管职位资本治理的范畴。高管职位资本治理的有效治理会提升公司治理效率，并形成互补关系。

（2）公司治理的核心在于高管职位资本治理。公司治理是高管为了股东、职员、顾客、供应商及其他利益相关者之间为了实现企业价值与利益相关着者共赢而管理和控制的一系列契约安排与制衡关系。在利益相关者中，职位资本，尤其是高管职位资本所有者决定了企业战略及发展方向，并成为企业财富创造的核心驱动。因此公司治理的核心在于高管职位资本治理。就纺织服装企业而言，其高管职位资本治理对该类企业社会产业升级与竞争力提升尤为关键。

（3）高管职位资本治理决定了公司治理环境。无论是英美股东治理模式或德日的利益相关者治理模式，其都需要公司治理环境的优化。公司治理环境包括管理层对公司治理的重视、治理职能以及治理层和管理层对企业公司治理的认识和措施。可见，高管职位资本治理水平决定了公司治理环境的优劣。

6.3 以战略为指引合理规划纺织服装企业高管职位资本

战略作为企业的长远目标，决定了其所需要的各类资本。战略的实现需要依靠企业年度经营计划及各种预算去落实。这必然涉及企业高管薪酬支出预算，从而需要合理规划高管职位资本。对纺织服装企业而言，基于战略层面的高管职位资本规划不仅立足于当下、更应着眼于长远，否则难以应对该行业所面临的危机与挑战。在当前全球经济持续低迷、国际、国内金融市场震荡之际，我国纺织服装行业面临产能过剩、人工成本优势丧失以及行业产能从沿海往中西部地区迁移之趋势。与此同时，信息、科技以及互联网技术的飞速发展又使得纺织服装企业产品营销模式发生了翻天覆地的新变化。纺织服装企业战略的制定与调整必须顺应这些外部环境的演变。创新品牌与营销模式，依托互联网技术提高竞争力则成为该行业企业战略制定与调整的方向。与此相应地，其高管职位资本的规划必须迎合战略制定与调整。

从纺织服装企业高管职位规划过程看，职位规划以各纺织服装企业战略为引导，依据企业战略目标、组织结构特点以及纺织服装企业生产基地的迁移、纺织服装产品营销模式变革等因素对高管职位配置要求的变化分解各战略单元目标。依据各战略单元目标及各部门的职责和业务流程设计高管职位。依据高管职位岗位责职、所需技术水平、人力资本个体的能力等在高管职能部门中合理分配人力资本个体。在此基础上，明确企业的年度经营计划，进而据以落实分目标，加以执行和控制，全面实现纺织服装企业战略目标。

6.4 尊重高管职位资本所有者产权

依据科斯、张五常、阿尔钦安、德姆塞茨等人的企业理论，企业的产权制度是企业节约交易费用、实现资源配置效率的基本保证。产权的本质内涵是一组权利束，并能明晰地体现产权主体之间所有权、经营权以及收益分配权的关系。

产权理论为我们考察纺织服装企业产权提供了有益的思路，即纺织服装企业必须以尊重各生产要素的产权主体地位为前提。若各生产要素的产权主体地位界定不清，则很难实现服装设计、生产、营销环节生产要素的配置效率。然而，长期以来，我国纺织服装企业以民营企业居多，处于产业链的低端，不重视经营管理者的人力资本产权。这必然影响高管职位资本所有者经营管理水平的发挥及企业竞争优势的确立。因此，纺织服装企业要提高企业管理水平与竞争优势，实现股东价值持续最大化，则应充分尊重经营者的生产要素产权主体地位，即赋予高管职位资本所有者相应的所有权与收益权。

从所有权角度看，纺织服装企业高管职位资本是企业专用性高、可替代性低的生存要素。纺织服装企业转型升级、品牌与营销模式创新依赖于这些职位资本。从契约角度看，高专用性高管职位资本的主体契约地位越发突出。契约地位的变化将会改变其权益属性的安排，可通过赋予股票期权或直接给予股权，赋予其股权性资本的地位。这种安排凸显了纺织服装行业高管职位资本的主导地位，有利于优化该行业企业的治理水平，提高治理效率。

从收益权角度看，尊重纺织服装企业高管职位资本，赋予收益权的路径在于：其一，建立市场化的收益分配机制，即以经济效率为导向，采取高管薪酬对价水平与企业业绩相挂钩的薪酬模式；其二，高管职位资本通过股权资本所有者地位享有剩余收益分配权；其三，高管职位资本通过股票期权获取资本所有者地位，取得相应地资本收益。与其他行业不同的是，纺织服装企业可以品牌、营销模式的创新、企业产业升级等作为股票期权的行权条件，而非仅企业业绩指标。这必将直接解决纺织服装企业代理成本问题，从而带来激励效率。

6.5 纺织服装企业高管职位资本业绩考核

现代企业理论认为企业是财务资本与人力资本的特别合约。就人力资本而言，企业内部的人力资本处于不同级别的职能部门、拥有不同级别的职位。高管职位内部的人力资本团队（即高管职位资本）成为企业最重要的资本要素。为了降低高管职位资本与财务股东之间的代理成本，在赋予纺织服装企业高管职位资本产权主体地位、并给予相应收益权的同时，必须对其进行有效考核。

6.5.1 业绩评价的基本路径

当前对管理者业绩评价主要以财务指标为主。其缺陷在于：业绩评价过于偏重当前的财务指标，而忽视管理者能力对企业未来创造价值的贡献，易产生业绩评价的短视行为。同时，企业的盈余管理手段也会影响财务指标的真实性。实际上，企业价值不仅体现于当前的财务成果，也取决于未来价值的创造能力。管理者能力对企业未来价值创造能力的作用在于：高管职位资本（即管理者及所处职位）不仅是企业战略成功制定的关键，也是公司治理的重要环节，更是企业产品技术更新、提高核心竞争力的保证。由此可见，高管职位资本的高效运行决定了企业未来的价值创造能力。这为本书探讨纺织服装企业高管职位资本业绩评价指标提供了思路，即业绩评价的标准可沿两条路径：其一，体现过去经营成果的财务指标；主营业务利润率、净资产收益率、净资产增长率的完成情况能直观体现纺织服装企业在行业产能过剩背景下的高管职位资本的管理业绩。而高管职位资本收益利润率反映了企业对高管职位资本的投入—产出情况。其二，展现管理能力的非财务指标，包括战略制定与执行的有效性、服装产品及品牌的创新能力、公司治理的优化以及内部控制环境的改善等。纺织服装企业高管职位资本业绩评价指标见表 6–1。

表6–1　纺织服装企业高管职位资本业绩评价指标

项目	业绩评价指标	计划	实际	完成率
财务指标	主营业务利润率			
	净资产收益率			
	高管职位资本收益利润率			
	净资产增长率			
	其他财务业绩指标			
非财务指标	战略执行情况			
	服装品牌创新情况			
	服装产品市场占有率的增长			
	企业内部公司治理的有效性			
	企业内部控制环境的优化			
	高管职位资本岗位职责完成情况			
	其他非财务业绩指标			

在表 6–1 的财务指标中，主营业务利润率、净资产收益率、净资产增长率的完成情况能直观体现纺织服装企业在行业产能过剩背景下的高管职位资本的管理业绩。而高管职位资本收益利润率反映了企业对高管职位资本的投入—产出情况。其中，高管职位资本收益即纺织服装企业支付的薪酬及可能的职位股权收益。这是纺织服装企业对职位资本的用资成本。将纺织服装企业投入与其收益指标比较，能直观反映企业薪酬等支出的合理性。若高管职位资本收益利润率的完成情况不够理想，则会影响企业高管职位资本的岗位责职指标完成情况的考核。

表6–1的非财务指标中，高管职位配置及内部人力资本组合不仅体现了企业内部公司治理，而且也有利于企业内部控制环境的优化，从而带来控制效率。本书基于这两方面思考，将企业内部公司治理的有效性、企业内部控制环境的优化作为非财务业绩指标。此外，战略执行、服装品牌创新、服装产品市场占有率的增长以及高管职位资本岗位职责完成情况都可表明企业高管职位资本的业绩。

6.5.2 业绩评价指标体系的应用

上述纺织服装企业高管职位资本业绩评价表的作用在于以下三方面：

（1）纺织服装企业高管职位资本业绩评价表所涉及的各类财务与非财务指标必须在企业范围面向全体员工公示，从而对高管职位资本所有者产生激励与监督效用。

（2）纺织服装企业高管职位资本业绩体系所反映的信息有利于企业与高管职位资本产权契约的调整，从而减少契约的非完备性。高管职位资本所取得的收益水平取决于其与企业产权契约的完成情况。通过高管职位资本业绩指标体系表信息，能作为调整高管职位资本薪酬对价水平的依据，从而有利于完备契约关系。

（3）该高管职位资本业绩信息有利于纺织服装企业内部高管职位资本的优化配置。通过该业绩评价体系信息，可成为企业调整优化职位资本内部人力资本组合的理由，从而实现高管职位资本内部人力资本个体的优化配置。

6.6 本章小结

纺织服装企业高管职位资本成为企业未来创造价值的源泉及动力、决定了企业的可持续发展能力。长期以来我国纺织服装企业不重视经营管理者的人力资本产权。本书从产权角度探讨该行业企业高管职位资本治理。治理的路径在于赋予其高管职位资本产权主体地位、给予其收益权、通过财务与非财务业绩评价指标考核高管职位资本的管理效能。这不仅对高管职位资本具有激励与监督效应，而且可成为纺织服装企业与高管职位资本产权契约调整的依据，并有利于企业内部高管职位资本的优化配置。本书在写作过程中可资借鉴的文献很少，期待本书起抛砖引玉之效。

7 我国纺织服装企业并购重组估值方法研究

Chapter 7

服装纺织企业通过并购重组整合资源，提高企业竞争力。在此过程中如何给服装纺织企业并购估值则是摆在该类企业面前的难题。本项目以此为切入点，在比较当前各种并购重组估值方法的基础上，结合职位资本治理水平探讨我国纺织服装企业并购重组估值方法及其实际应用，从而为我国服装纺织企业并购重组估值研究提供一点可资参考的方法。

7.1 问题的提出

从2012年年初开始，随着我国纺织服装行业原材料、劳动力成本提升、店铺租金上涨，京东、淘宝等电商冲击以及需求者消费行为的转变，纺织服装行业线下销售造成受到极大冲击，纺织服装行业景气度开始逐步下降。纵观纺织服装类板块上市公司发布的2016年年报，尽管该板块多数企业盈利，但不少企业业绩明显下滑，盈利能力指标、偿债能力指标、收益质量、资产周转能力财务数据持续恶化。在此背景下，很多纺织服装企业谋求并购重组等方式转型升级。理论上，纺织服装企业并购重组可以帮助纺织服装企业扩大生产经营规模，实现规模经济，获取垄断利润及先进技术与人才，提升纺织服装企业的市场份额与竞争力，帮助纺织服装企业整合资源，实现资源的共享或互补，并使纺织服装企业可以更有效地实施品牌经营战略，提升纺织服装企业知名度。然而，现实中，纺织服装行业并购成功率并不高，其原因之一即并购估值问题。因此，对拟并购重组纺织服装企业进行客观、公正估值，必将成为纺织服装企业并购重组成功与否的关键。本报告以此为切入点，在比较当前各种并购重组估值方法的基础上，拟结合职位治理水平探讨适合我国纺织服装企业并购重组的估值方法。

7.2 我国纺织服装企业并购重组估值方法

7.2.1 我国纺织服装企业传统并购重组估值方法

纺织服装企业并购重组估值是决定并购交易价格的基础，也是影响并购成功与否的关键因素。从并购交易双方看，主并方期望购入“物超所值”企业，而被并方则期望其能溢价出售。因此，对纺织服装企业合理估值也是双方实现交易意愿的关键。传统看，纺织服装企业价值评估的方法包括收益法、成本法、市场法、市盈率法等。

7.2.1.1 收益法

从理论上看，收益法是依据纺织服装企业预计未来的现金流，选择适当的报酬率或资本化率将其折现到估值时点，以此评估纺织服装企业价值。

就纺织服装企业而言，收益法评估纺织服装企业价值基本步骤如下：

（1）研究分析纺织服装企业历史经营业绩以及行业未来的发展趋势。

（2）根据纺织服装企业产品品牌、市场占有率等经营情况对纺织服装企业资产负债状况进行分析，将纺织服装企业评估基准日资产负债区分为以下几类，确定收益预测对应的资产负债范围：

①区分主营业务资产负债。

②区分与经营业务无关或另行评估的对外投资等资产负债。

③区分其他非经营性资产负债。

在上述区分基础上，进行不同资产收益的预测。

（3）对影响纺织服装企业经营与收益分配的宏观因素、行业因素、个别因素等进行分析。

（4）对纳入收益预测范围的资产负债预期收益口径进行界定，确定采用净利润、净现金流、息税前利润或其他收益形式作为预期收益并对纺织服装企业价值进行预测。

（5）估计纺织服装企业收益预测对应资产负债经营终止时的清算价值。

（6）选择与预测收益相关的折现率。

折现率即将纺织服装企业的未来收益转换为现值的比率。

理论上，纺织服装企业的估值折现率的确定必须结合行业特点，主要有以下四种：

①加权平均成本法。以加权平均成本作为折现率估计现值的方法即加

权平均成本法。

总体来看，纺织服装企业资本的来源也有债务资本和股权资本。所谓加权平均成本亦称综合资本成本，即考虑纺织服装行业资本结构特征及行业企业负债规模以及风险水平等因素，对纺织服装企业各种筹资方式获得的个别资本成本进行加权平均所得到的加权平均成本作为收益法的折现率。

②资本报酬率法。资本报酬率法是指以纺织服装行业平均资本报酬率为基础，再根据纺织服装企业个体条件进行调整得出折现率的方法。

由于资本报酬率具有明显的行业特征，在确定折现率时要考虑行业因素。同时，企业实际利润高低还取决于纺织服装行业市场规模及成长率、纺织服装企业规模和有关竞争者的定位战略。因此，在确定纺织服装企业折现率时，必须考虑这些因素对于纺织服装企业资本报酬率的影响。

③无风险利率加成法。纺织服装行业投资者投资于收益不确定的项目时，必然有风险。无风险利率加成法的理论依据是：当纺织服装行业投资者愿意投资于某一风险性项目时，其必然会要求对所承担的额外风险有补偿。因此无风险利率加成法是将无风险的报酬率加上因承担风险而获得的额外补偿作为折现率的一种方法。

无风险利率加成法的表达式如下：

折现率 = 无风险利率 + 通货膨胀率 + 风险报酬率

无风险利率是不考虑风险报酬的利息率，一般是指国债利率。

在通货膨胀条件下，如果企业的收支金额是按名义价格计算的，为体现企业实际的对折现率，考虑通货膨胀风险对折现率的影响，即加上通货膨胀率。

简单来看，风险报酬率是投资者要求的除无风险利率以及通货膨胀率之外的风险补偿。主并方必须结合纺织服装行业风险水平确定风险报酬率。

④ CAPM 法。CAPM 法即资本资产定价模型法。该方法是恒量风险和风险溢价之间关系的模型。从发达资本市场来看，资本资产定价模型由于

具有简单、直观并且有很强的可检验性，一直是衡量风险收益风险对等关系收益模型的标准。

众所周知，资产的风险来源可分为两类：一类是由纺织服装行业企业特定行为产生的非系统风险，这种风险可通过分散投资来消除；另一类是由市场行为产生的系统风险（也称市场风险），它影响所有资产的价格。这种风险无法通过分散投资来消除。资本资产定价模型通过β值来衡量市场风险。根据CAPM法所确定的折现率如下：

折现率 = 无风险报酬率 + β ×（纺织服装行业市场组合的期望收益率 – 无风险报酬率）

根据我国新准则中的相关规定：计算资产未来现金流量现值时所使用的折现率应当是反映当前行业货币时间价值和资产特定风险的税前利率。因此，纺织服装企业估值所使用的折现率应是纺织服装行业企业在购置或投资资产时所要求的必要报酬率。如果用于估计折现率的基础是税后的，应当将其调整为税前的折现率，以便与纺织服装业企业未来现金流量的估计基础相一致。

此外，需要指出的是：纺织服装企业在估计企业未来现金流量现值时，也通常采用单一的折现率。但是，如果纺织服装业企业未来现金流量现值对未来不同期间的风险差异或者利率的期间结构反应敏感的，纺织服装企业应当在未来各个不同期间采用不同的折现率。因此，在选择纺织服装企业估值折现率时，应结合我国纺织服装行业实际风险水平，采用企业加权平均资金成本、增量借款利率或者其他相关市场借款利率做适当调整后确定。调整时，应当考虑与纺织服装企业预计现金流量有关的特定风险以及其他有关政治风险、货币风险和价格风险等。

（7）将收益法各项参数代入计算模型，计算得出纺织服装企业收益折现和，得出收益法评估值。

根据2016年9月8日中国证券监督管理委员会《关于修改〈上市公司重大资产重组管理办法〉的决定》修订，采取收益现值法、假设开发法等基于未来收益预期的方法对拟购买资产进行评估或者估值并作为定价参考依据的，上市公司应当在重大资产重组实施完毕后 3 年内的年度报告中单独披露相关资产的实际盈利数与利润预测数的差异情况，并由会计师事务所对此出具专项审核意见；交易对方应当与上市公司就相关资产实际盈利数不足利润预测数的情况签订明确可行的补偿协议。该规定意味着，使用收益法衡量纺织服装企业价值的前提是被评估纺织服装企业是持续经营的、能不断产生现金流的企业。

7.2.1.2　成本法

成本法也称资产基础法，是在合理评估目标纺织服装企业各项资产价值和负债的基础上确定目标纺织服装企业的价值。成本法的关键是选择合适的资产价值标准。成本法主要有账面价值法、重置成本法和清算价格法。

（1）账面价值法。账面价值法是基于会计的历史成本原则，以纺织服装企业账面净资产为计算依据来确认目标纺织服装企业价值的一种估值方法。账面价值法的优点在于：它是按通用会计原则计算得出的，比较客观，而且取值方便。

（2）重置成本法。重置成本法是以目标纺织服装企业各单项资产的重置成本为计算依据来确认目标纺织服装企业价值的一种估值方法。重置成本法和账面价值法有相似之处，也是基于纺织服装企业的资产为基础。但它不是用历史上购买资产的成本，而是根据现在的价格水平购买同样的资产或重建一个同样的纺织服装企业所需要的资金来估算该纺织服装企业的价值。

（3）清算价格法。清算价格法是通过估算目标纺织服装企业的清算净收入确定目标纺织服装企业价值的方法。纺织服装企业的清算净收入是出售纺织服装企业所有资产所得扣除纺织服装企业的债务。清算价格法是在目标纺织服装企业作为一个整体已经丧失增值能力情况下的估值方法，估算所得到的是目标纺织服装企业的可变现价格。此方法主要适用于陷入困境的纺织服装企业价值评估。

在当前新准则体系下，纺织服装企业并购重组估值的成本法中，最适宜采用重置成本法，该方法能体现纺织服装企业的现时重置价格水平。

7.2.1.3 市场法

市场法是指通过纺织服装企业相关被评估资产的市场价格或通过比较被评估资产与最近售出类似资产的异同，并按类似市场价格调整，从而确定被评估资产价值的一种资产评估方法。

7.2.1.4 市盈率法

市盈率是证券市场上常用的股票投资价值的评估方法。以市盈率估值纺织服装企业的价值时可参考我国资本市场纺织服装行业平均市盈率，在此基础上，根据企业盈利情况计算纺织服装企业价值。

7.2.2 我国纺织服装企业职位资本治理视角下的并购重组估值方法

纺织服装企业高管职位资本治理水平的高低决定了该企业未来价值成长的潜力以及可持续发展能力。结合我国纺织服装企业对经营管理者人力资本产权的重视程度、治理环境以及职位治理水平，在上述传统估算方法的基础上，赋予一定的系数，适度调整目标纺织服装企业的估值水平。

应用职位资本治理水平调整法可分以下步骤：

（1）纺织服装企业职位资本治理水平的评估。该评估可结合企业内部控制与利益相关者治理水平以及对经营管理者人力资本产权重视程度来判断职位资本治理水平。

（2）在上述传统估值基础上，利用所评估的纺织服装企业职位资本治理水平，以所评估的目标纺织服装企业估值水平与职位资本治理水平调整系数。纺织服装企业职位资本治理水平越高，则其调整系数越高，反之则越低。其公式表示为：

纺织服装企业估值 = 传统估值方法水平 × 职位资本治理水平调整系数

（3）主并双方依据上述估值水平博弈，得出纺织服装企业并购重组价格。

7.3 本章小结

本章在介绍纺织服装企业传统估值方法的基础上，提出依据纺织服装企业高管职位资本治理水平的高低来修正传统估值水平。而纺织服装企业高管职位资本治理水平的高低取决于纺织服装企业对经营管理者人力资本产权的重视程度、公司治理环境、内部控制效力等因素。在当前中国式并购所孕育的巨大潜在危害正被市场所重视之际，中国纺织服装企业估值水平会影响并购风险。这也正是本章研究意义所在。

8

我国纺织服装企业职位资本结构的研究

Chapter 8

近代以来，纺织服装业一直是各国经济的主要支柱和大动脉，在经济发展中具有重要的地位。纺织服装企业的资本结构是影响我国从纺织大国向纺织强国转变的关键因素之一，对我国纺织服装企业资本结构的研究对服装企业提高竞争力具有深远的发展前景。本书基于现代资本结构理论，分析了纺织服装企业资本结构的现状及问题，提出了纺织服装企业资本结构的新视角——职位资本结构，在此基础之上，对服装企业的最优职位资本结构进行进一步的探讨，并据此提出对策建议。

8.1 资本结构理论

8.1.1 “资本结构”之谜

广义的资本结构是指全部资本的构成及比例关系，不仅包括长期资本，还包括短期资本。狭义的资本结构是指一个公司长期债务资本和权益资本的构成比例。

资本结构是否重要，即能否通过改变资本结构比例以改变公司的市场价值？如果资本结构确实有这样的影响力，那么是什么因素决定了负债与权益的最佳比率，从而使得公司的市场价值最大化和资本成本最小化？

对这两个问题的准确回答是极其重要的，如果资本结构的确起作用，而且我们能够准确地确定哪种因素是最重要的，那么我们将对社会做出巨大的贡献。

遗憾的是，尽管财务理论学家研究了近 50 年，至今仍不能提供一个明确的答案来解决这两个问题。

8.1.2 早期资本结构理论

8.1.2.1 资本结构的净收益理论

该理论认为，股权融资代价高于债务融资代价。因此，利用债务资本可以降低企业的综合资金成本。负债程度越高，综合资金成本越低，企业价值越大。当负债比率达到 100% 时，企业价值将达到最大。按照这种观点，公司获取资本的来源和数量不受限制，并且债权资本成本率和股权资本成本率都是固定不变的，不受财务杠杆的影响。

8.1.2.2 净营业收益理论

该理论认为，资本结构与企业的价值无关，决定企业价值高低的关键要素是企业的净营业收益。尽管企业增加了成本较低的债务资金，但随着债务规模的扩大，企业的财务风险也随之增加，导致股权资本成本率就越高，企业的综合资金成本仍保持不变。不论企业的财务杠杆程度如何，其整体的资金成本不变，企业的价值也就不受资本结构的影响，因而不存在最佳资本结构。这种观点认为，在公司的资本结构中，债权资本的多寡，比例的高低，与公司的价值就没有关系。因此，资本结构与公司价值无关。决定公司价值的真正因素应该是公司的净营业收益。

8.1.2.3 资本结构的 MM 理论

MM 理论认为，在没有企业和个人所得税的情况下，任何企业的价值，不论其有无负债，都等于经营利润除以适用于其风险等级的收益率。风险相同的企业，其价值不受有无负债及负债程度的影响；但在考虑所得税的情况下，由于存在税额庇护利益，企业价值会随负债程度的提高而增加，股东也可获得更多好处。于是，负债越多，企业价值也会越大。

8.1.3 现代资本结构理论

8.1.3.1 代理成本理论

代理理论认为，企业资本结构会影响经理人员的工作水平和其他行为选择，从而影响企业未来现金收入和企业市场价值。该理论认为，债权筹资有很强的激励作用，并将债务视为一种担保机制。这种机制能够促使经理多努力工作，少个人享受，并且做出更好的投资决策，从而降低由于两权分离而产生的代理成本；但是，负债筹资可能导致另一种代理成本，即企业接受债权人监督而产生的成本。均衡的企业所有权结构是由股权代理成本和债权代理成本之间的平衡关系来决定的。可见，代理成本理论是经过研究代理成本与资本结构的关系而形成的。

8.1.3.2 资本结构的信号传递理论

信号传递理论认为，公司可以通过调整资本结构来传递有关获利能力和风险方面的信息，以及公司如何看待股票市价的信息。按照资本结构的信号传递理论，公司价值被低估时会增加债权资本，反之亦然。因此，依据信号理论，发展前景良好、效益高的企业，偏向于债务融资；发展前景不好、效益低或面临亏损的企业，偏向于股票融资；如果一个成熟的企业进行股票融资，意味着其向市场发出企业前景不好或未来投资项目效益低下的信号；如果一个成熟的企业进行债务融资，意味着其向市场发出企业前景良好或未来投资项目效益高的信号。对于成熟的企业，股票融资（增发股票）将导致股价下跌；债务融资或内部融资将推动股价上升。

8.1.3.3　资本结构的啄序理论

资本结构的啄序理论认为，公司倾向于首先采用内部筹资；如果需要外部筹资，公司将先选择债券筹资，在选择其他外部股权筹资，这种筹资顺序的选择也不会传递对公司股价产生不利影响的信息。按照啄序理论，不存在明显的目标资本结构，因为虽然留存收益和增发新股均属股权筹资，但前者最先选用，后者最后选用。获利能力强的公司之所以安排较低的债权比率，并不是由于以确立较低的目标债权比率，而是由于不需要外部筹资，获利能力较差的公司选用债权筹资是由于没有足够的留存收益，而且在外部筹资选择中债权筹资为首选。

此外，现代公司资本结构研究出现了和产业组织理论、行为金融理论、公司治理理论等相互交叉融合的特征，衍生出产业组织理论基础上的战略公司财务、行为金融理论基础上的行为公司财务和公司治理理论基础上的财务治理结构理论。本书基于上述基础，认为应将职位资本纳入资本结构范畴。

8.2　纺织服装上市公司资本结构现状

金融危机以来，我国纺织服装企业不断结合内外部环境调整自身的资本结构，探索适合企业发展的最优资本结构，而纺织服装业的上市公司在业内具有一定代表性，通过研究这些企业的资本结构可为整个行业资本结构的研究提供重要的参考。李淑珍、霍晓雪（2013）选取了50家拥有2010—2012年财务数据的非ST纺织服装上市公司，以其资本结构为研究对象，通过查阅其近三年的财务报表和其他相关资料，分析其资本结构的现状与原因，以为我国纺织服装上市公司资本结构的优化提供一些参考。根据该结果可知，目前我国纺织服装上市公司的资本结构尚不够理想。

8.2.1 资产负债率总体偏低，财务杠杆未被充分利用

资产负债率是反映公司资本结构的重要指标。2010—2012 年 50 家纺织服装上市公司的平均资产负债率如图 8-1 所示。

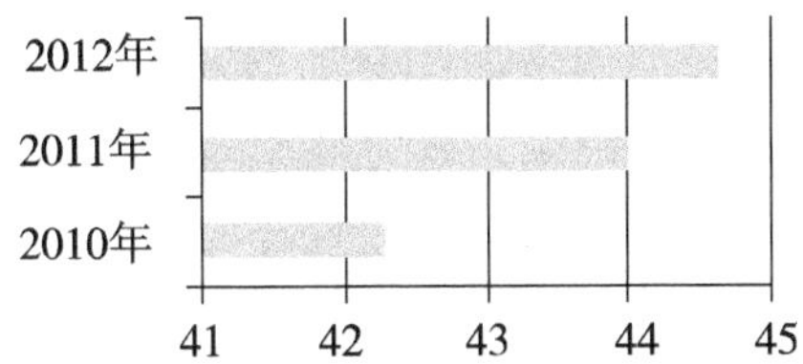

图8-1　平均资产负债率（%）

我们都知道，负债经营是现代企业的基本特征之一，其目的是在保证公司财务稳健的前提下，充分发挥财务杠杆的作用，为股东谋求利益最大化。但从图中可以看出 2010 至 2012 年我国纺织服装上市公司的平均资产负债率分别为 42.29%、43.99% 和 44.64%，均低于 50%，负债水平总体偏低。虽然企业资本结构在这 3 年中逐渐得到改善，比率逐年提高，但 3 个比率的平均值仅为 43.63%，仍偏低。当然这个数据的准确性跟所分析的企业数量有关，但通过分析很多学者论文，这个数据基本符合真实现状。

8.2.2 债券融资水平偏低，税盾作用未被充分发挥

债券融资具有税盾作用和财务杠杆作用，其数量同样会对公司的资本结构产生影响。2010—2012 年我国 50 家纺织服装上市公司的债券融资情况见表 8-1。

表8-1　2010—2012年我国50家纺织服装上市公司的债券融资情况

	2010年	2011年	2012年	
公司数量（家）	3	4	10	
公司名称	红豆股份 华茂股份 杉杉股份	华孚色纺 报喜鸟 红豆股份 杉杉股份	深纺织A 华茂股份 孚日股份 报喜鸟 红豆股份 杉杉股份	常山股份 华孚色纺 新野纺织 浙江富润 黑牡丹 航民股份

从该表中我们可以知道，近3年只有12家公司采取过债券融资这一手段。从发展趋势来看，2012年公司数量和债券融资金额较2010年有较大幅度的上升，越来越多的公司运用债券融资，但债券融资比例依然较低，可以看出我国纺织服装上市公司大都对债券融资不够热衷。这与国际上债券融资的兴起，股权融资衰弱的局面形成了极大的反差。整个纺织服装上市公司有待进一步增加债券融资，只有这样才能充分利用债券的税盾作用和财务杠杆作用。此外，债券融资还会向市场传递公司经营状况良好的信息，增加市场对公司的认可度。因此，要注重通过债券融资优化公司的资本结构，增加公司的盈利能力。

8.2.3 流动负债占负债总额的比率偏大，公司潜在的财务风险较大

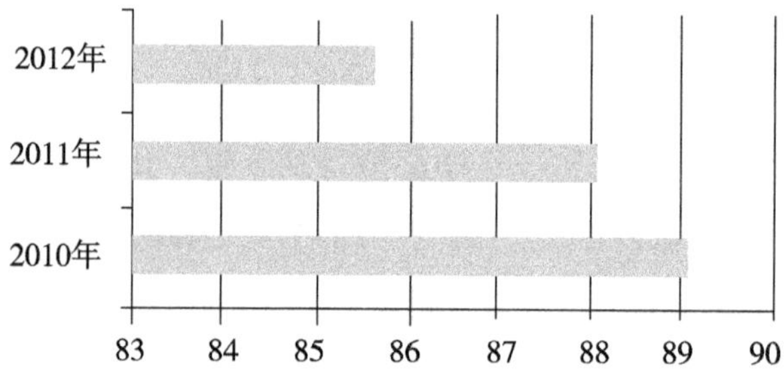

图8-2 流动负债占负债总额的平均值（%）

图8-2是对2010—2012年我国50家纺织服装上市公司平均流动负债占负债总额的平均值的分析情况，我们知道流动负债占负债总额的比率是判断公司债务状况的一个重要指标，也是分析公司资本结构的另一个重要方面。所以能从图8-2中发现，虽然近三年我国纺织服装上市公司流动负债占负债总额比率在逐年降低，但说明这些公司有意识地加强了流动负债的管理，但流动负债占负债总额的比率依然较高。这种不合理的债务期限结构，对其正常经营活动带来的隐患是毋庸置疑的。

8.3 纺织服装企业资本结构新视角：职位资本结构

解决好资本结构问题可以为公司的长期健康发展提供保障，因此，有必要建立健全企业财务激励机制，优化资本结构。而当前我国服装企业处于垄断竞争的市场结构，在此类型市场上企业取胜的法宝是创造产品差别，从而在部分消费者中形成垄断地位，攫取垄断利润。我国很多服装企业主要运营的方式是来料加工，处于产业链条的低端。据有关资料显示，我国服装企业只取得服装贸易的近10%利润，而品牌商拿走了近30%，销售商拿走了近40%。因此，我国服装企业在经营过程中，服装设计、生产、营销职位的设立关乎企业服装品牌的开发，服装企业竞争优势的确立。可以毫不夸张地说，职位资本已经成为服装企业可持续发展的关键。

8.3.1 职位资本的本质

职位资本和人力资本本质相同，角度相异。人力资源是指人的能力，人力资本则是指人们通过投资所获得的能力，人力资本包含在人力资源之中，而人力资源的质量提高又有赖于对人力资源的投资所导致的人力资本存量的提升。而职位资本则是以每一职位为单位确定的人力资本组合，该组合投入企业形成综合生产力，即有产出价值的“人力资本”。根据团队生产理论，单个要素的边际生产率难以准确测量，易带来“偷懒”和“内耗”。职位资本在职位目标约束下，可减少人力资本个体“偷懒”和“内耗”行为。因此可以看到，职位资本是从单个的人从事具体的工作当中以形成职位劳动的角度来计量和测度人力资本，他们的所有权和剩余收益的分配权都归属于人力资源个体。

8.3.2 职位资本结构

从内部控制角度而言，以职位资源控制替代人力资源控制并不意味着前者完全取代后者，而应理解为后者应嵌合于前者之内。因此，相对于原有人力资源控制规范来说，职位资源的控制视角不再局限于人力资源个体，而应扩展到不同级别职位资源（即不同专用性人力资源的团队），两者的关系如图 8-3 所示。

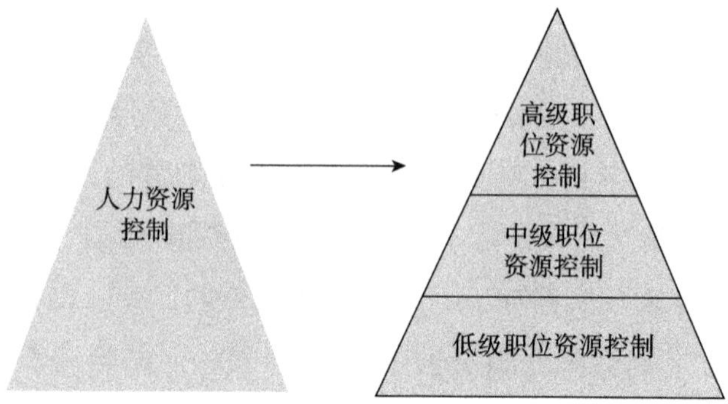

图8-3　人力资源控制与职位资源控制的相互关系

将企业职位资本结构描述为金字塔式结构，处于塔顶的是高级职位资本，这部分职位资本的专用性最强，可替代性低；处于塔基的是低级职位资本，其资本的专用性低，可替代性强。不同级别的职位代表了不同的专用性差异。就每一级别职位资本内部人员流动而言，新员工加入职位资本或老员工退出职位资本并不影响企业职位资本的存在。

8.3.3　职位资本价值的计量

人力资本价值量的确定是通过对其有效计量进行的，人力资本计量是从量上解决两种产权主体对企业剩余收益的贡献及对剩余收益的分配比例。当前的人力资本计量是从人力资源会计的两大分支——人力资源成本会计和人力资源价值会计两方面进行的。传统观点认为：人力资源成本会计是将企业对人力资源的支出资本化，并相应产生人力资本的成本计量方法——历史成本法与重置成本法；人力资源价值会计是将企业人力资源的产出资本化，并相应产生人力资本的价值计量方法——工资报酬折现法、未来收益折现法等。

职位资本的计量是在会计处理过程中以某种尺度为标准确定职位资本的价值量，从而从量上解决不同产权主体对企业剩余收益的贡献及分配比例的业务事项。在财务会计核算系统中，职位资本的计量也是对其进行确认、记录、报告的前提，而对职位资本的计量结果又构成其确认、汇总、传递和输出信息的内容。从理论上看，会计计量应包括计量单位（包括名义货币计量单位以及一般购买力计量单位）和计量属性（我国 2006 年新颁布的基本准则明确了会计计量属性包括：历史成本、现行成本、现行市价、可实现净值、公允价值），基于各种计量单位与计量属性构成了不同的会计计量模式。耿建新、朱友干教授（2009）认为从职位资本角度可以赋予这些方法新内涵，分别表述如下：

（1）历史成本法。即对每一级职位资本的招聘、雇用、训练员工和开发员工潜力的费用都要计算成各级别职位资本的价值，无须考虑员工离岗问题。

（2）重置成本法。即企业重新雇佣职位资本价值，包括为了达到现有职位效能所需挑选、招聘、雇佣、训练、安置、开发职位人员的全部费用。这种方法的优点是可将职位资本价值调整到现行市价，能从市场角度使职位资本价值符合其真实价值。

（3）未来收益现值法。即将企业各年的收益按职位资本的贡献进行折现，折算为职位资本价值。

（4）薪酬折现法。即以企业各年预计的对每一级别职位资本的总支出（即薪酬支出）现值作为该职位资本的价值。对于企业各每一级别职位资本年实际薪酬支出与预计薪酬支出的差额，根据资本保全原则，可于实际支出发生时调整每一级别职位企业人力资产的价值，而不再调整每一级别职位资本的价值。

（5）经济价值法。将企业的价值（包括企业未来收益的现值）进行估价，得到企业的经济价值，再按一定比例分配给职位资本。

在对人力资本价值量的确定时，当代财务理论认为，对资本投资者而言，其向经济主体所投入的资本价值应由预期未来收益现值决定。在此基础上，股票购买者所购股票价值取决于预期未来现金流折现。相应的，对于人力资本投资者而言，其价值量的确定也受制于人力资本投入者从企业获取的未来现金流量。薪酬代表了人力资本从企业取得的现金流入，因此，薪酬折现价值可视为人力资本的价值。

现有人力资源会计理论认为：人力资源价值会计的计量方法之一——薪报酬折现法是以职工的未来的薪酬收入的现值作为企业人力资源的价值，并认为这种方法可用于人力资本个人或群体价值的计量。其公式表示为：

$$V_n = \sum_{t=n}^{n} \frac{I_t - n + 1}{(1+r)^{t-n+1}}$$

式中：V_n 表示一位 n 岁年龄职工的人力资本价值；I_t 表示该职工未来各年的薪酬收入；r 是适用于该职工的收益折现率；t 是该位职工的退休年龄。

这种计量方法的假设条件是：某人在其全部服务生涯中肯定不会离开这一组织，这个人在其组织中会终身从事一个职业。该计量方法的主要缺点是：首先，现有薪酬折现法的假设前提过于苛刻，在当代人才流动国际化的背景下，不可能所有人会终身只从事一个职业，也不可能所有人一辈子只就职一个企业；其次，逐个测定人力资本个体价值的工作量也较为繁琐；再次，无法解释人力资本与智力资本的区别；最后，有关折现率的选择也过于概括。

为了克服该计量方法假设条件的局限性及其缺点，同时也为了能使该计量方法更具有可操作性，我们不妨以企业各年预计的对人力资本的总支出（即薪酬支出）现值作为企业人力资本的群体价值，并以企业各员工的薪酬占企业总薪酬支出的比例测算人力资本的个体价值。对于企业各年实际薪酬支出与预计薪酬支出的差额，根据资本保全原则，可于实际支出发生时调整企业人力资产的价值，而不再调整人力资本的价值（在此需强调的是人力资本与人力资产的关系在于：一方面人力资产是企业人力资源的占用形态，而人力资本是企业人力资源的来源形态；另一方面人力资产的控制权归企业所有，而人力资本的所有权应属于其投资者——劳动者所有）。

该计量方法的基本公式表示为：

$$V_n = \sum_{t=1}^{n} \frac{I_t}{(1+r)^t}$$

式中：V_n 表示企业人力资本的总价值；I_t 表示该企业各年的薪酬支出；

r 是适用于该企业的收益折现率；n 是企业的存续期。

基本公式的扩展：

（1）在企业持续经营的假设下，当企业每年薪酬保持同一水平时，则基本公式变形为永续年金求现值，基本公式变形为：$V_n=I/r$，式中：V_n 表示企业人力资本的总价值；I 表示该企业预计每年的薪酬支出；r 是适用于该企业的收益折现率。

（2）当企业薪酬以年增长率 g 固定增长时，则人力资本基本计量公式类似于股利固定增长模型，基本公式变形为：$V_n=I_1/(r-g)$，式中：V_n 表示企业人力资本的总价值：I_1 表示该企业预计下一年度薪酬支出；r 表示适用于该企业的收益折现率；g 表示企业薪酬的年增长率。

以上述计量方法为基础，本书阐述了职位资本价值计量方法。本书前面已阐述，在此不再赘述。

8.4 涵括职位资本在内的纺织服装企业资本结构

当前理论界对最佳资本结构的判断标准并无一致的看法。现行的财务理论认为，判断企业最佳资本结构的方法主要有综合资本成本率最低法、每股收益最大法、EBIT–EPS，分析法、企业价值最大法等。从动态角度讲，我们只能近似准确地探求“最佳”资本结构。基于这一点，对于纳入职位资本的资本结构而言，结合前述确定的职位资本价值量，我们可选择综合资本成本率最低法来进行包括人力资本的资本结构的决策。

8.4.1 职位资本成本的确定

纺织服装企业接受职位资本投资后，企业对职位资本的薪酬支出可视为职位资本参与企业剩余收益分配的结果；而纺织服装企业对职位资本内部人力资源的培训、开发费用可借鉴《企业会计准则——固定资产》中有关后续支出的处理，即能够提高固定资产使用性能的后续支出应予以资本化；因纺织服装企业对于职位资本内部人力资源的培训、开发支出将会提高职位资本的效用，故而这方面支出应予以资本化。所以在计算职位资本成本时，可以把纺织服装企业薪酬支出看作其使用职位资本的资本占用费。而根据薪酬折现法确定的职位资本价值量可以看作纺织服装企业筹措职位资本的总筹资额。

8.4.2 综合资本成本方法的选择

综合资本成本是纺织服装企业进行资本结构决策的基本依据，是筹资的成本。由于财务权益资本、职位资本及负债资本的资本成本存在差异，故而在不同的筹资组合方案下，其综合资本成本不同，使得综合资本成本最低的筹资方案可视为最佳资本结构方案。

纺织服装企业加入职位资本成本后计算企业各筹资方案的综合资本成本可以简单表示如下：

$$\mathrm{WACC}=k_1w_1+k_2w_2+k_3w_3$$

式中：k_1、k_2、k_3 分别为：职位资本成本、财务权益资本成本以及债务资本成本；w_1、w_2 以及 w_3 分别为三种个别资本成本占全部资本的比重，即权数，且 $w_1+w_2+w_3=1$。筹资决策时，根据这个公式，纺织服装企业可以在不同备选方案中进行企业最佳资本结构决策。

8.4.3 职位资本对企业财务风险的影响

在新经济时代，当企业将职位资本纳入资本结构后，职位资本的投资者也应参与经济主体的利润分配。当职位资本未能充分发挥其效用时可减少其薪酬所得，从而使职位资本承担相应的风险。在负债经营的条件下，引入职位资本并采用薪酬折现法确定职位资本价值后，企业原先列为费用化支出的薪酬将被资本化，从而增加企业资本，减少企业费用，使企业的息税前利润大于原先意义上的息税前利润，企业抵抗风险的能力加强，企业负债在总资本中的比例将下降，财务风险降低。

8.5 本章小结

本章在分析纺织服装企业资本结构现状的基础上，结合前述章节所论述的职位资本相关理论，探讨了涵括职位资本在内的纺织服装企业资本结构决定方法。这无疑是一个全新的视角，值得我们在人力资本领域深入研究、探讨。

9

基于职位资本视角的 EVA完善对策

业绩评价指标EVA的本质在于体现资本所得超出资本所费的金额。资本应当包括财务资本与人力资本。然而，当前EVA指标仅反映了财务资本收益与成本之间的差额，并没有考虑企业所有资本（包括财务资本与人力资本）的收益与成本之间的关系。本章以此为切入点，试图从职位资本角度探讨EVA指标的完善对策，从而促使企业提高资本运作的净收益。

9.1 问题的提出

自 1982 年美国 Stern Stewart & Co（思腾思特公司）提出经济增加值概念以来，作为衡量企业经营业绩的 EVA 指标已在世界范围内得到了广泛认可。为了进一步引导央企提高资本使用效率，我国国资委也要求从 2010 年开始在央企全面推行 EVA 考核。作为业绩评价指标 EVA 表明了企业财务资本收益与财务资本成本（包括权益资本成本和债权资本成本）之间的差额，体现了财务资本所费与所得之间的关系，也反映了资本的保值、增值能力。然而，该业绩评价指标并没有考虑企业运用所有资本（包括财务资本与人力资本）的净收益。依据现代企业理论，企业是财务资本和人力资本的特别契约（周其仁，1996）。本章以此为切入点，试图探讨全资本观下的 EVA 指标。

9.2 如何从职位资本角度优化EVA

9.2.1 从职位资本角度优化EVA的路径

如前所述，本书主张 EVA 指标应能反映企业全部资本（包括财务资本与人力资本）的所得与所费。限于人力资本个体流动性及人只有服务于特定职位才能发挥人力资本效能等缘由，笔者主张以职位资本（耿建新，朱友干，2009）替代人力资本。限于篇幅，本书在此不拟对职位资本的内涵一一赘述。实际上，现代企业的实际控制权是经营管理团队及其所处职位的人力资本所有者——即职位资本，而非仅仅是财务资本所有者。基于两权分离下的财务资本所有者，其实际控制权常常虚位。这使得现代企业权益资本范畴发生变化，即权益资本包括财务资本权益和职位资本权益（包括经营管理团队的职位资本权益以及其他中、低级别的职位资本权益）。本书遵循此思路，将仅体现财务资本所得与所费关系的传统 EVA 调整为体现“大资本观”下的资本收益与成本差额的业绩评价指标，从而真实展示企业运用各种资本获取收益的能力。传统 EVA 与新修订的 EVA 的关系见表 9–1。

表9–1 传统EVA与新修订EVA的关系

	传统 EVA	修订后的 EVA
相同点	EVA 表示企业资本的收益与资本的成本之间的差额	
异同点	税后净经营利润 – 财务资本成本	税后净经营利润 – 资本成本（包括财务资本以及职位资本的用资成本）
	EVA= 息税前利润 ×（1– 所得税率）– 财务资本成本 = 税后利息 + 税后利润 – 财务资本成本	EVA= 调整后的息税前利润 ×（1– 所得税率）– 资本成本（包括财务资本以及职位资本的用资成本）= 调整后的税后利息 + 税后利润 – 资本成本（包括财务资本以及职位资本的用资成本）

注：财务资本包括财务债权资本和股权资本，而职位资本包括处于高管职位上的人力资本团队（即经营管理团队的职位资本）以及其不同级别的职位资本。

9.2.2 将职位资本纳入资本范畴后，如何核算修订后的EVA

依据会计恒等式，企业资产来源于债权人与所有者，因此，对资产的要求权分属于债权人与所有者。债权人从企业获得固定利息，股权人从企业获得股利。税后利息代表了财务资本债权人的资本净收益，而税后利润也说明了财务股权资本的净收益。将不同级别的职位资本（即人力资本团队）纳入资本范畴后，计算修订后 EVA 需要解决以下三方面问题：其一，如何确定不同级别职位资本价值量？其二，如何确定职位资本的资本成本？其三，如何核算新资本范畴下的企业利润？

9.2.2.1　从收益法角度计量职位资本价值

职位资本替代人力资本解决了人力资本个体流动性差异对其价值计量的影响。相对于人力资本计量方法而言，确定职位资本价值无须考虑每一职位内部人力资本个体离岗情况。只要职位存在，人力资本个体离岗会有其他人力资本补充；若无须补充，则表明企业职位内人力资本个体效能提高。基于此，耿建新、朱友干（2009）从收益法提出以调整后的薪酬折现模型确定职位资本价值。限于篇幅，本书不拟展开赘述，仅简单介绍该方法。此计量方法的基本公式表示为：

$$V_n = \sum_{t=1}^{n} \frac{I_t}{(1+r)^t}$$

式中：V_n 表示企业每一级别职位资本的总价值；I_t 表示该职位每年的薪酬支出；r 是适用于该企业的收益折现率；n 是企业不同级别职位的存续期。

由上述可见，与人力资本薪酬折现模型不同的是，该计量模型着眼于人力资本所在的职位，且无须顾忌人力资本个体流动性对其价值计量的影响。依据在上述计量方法确定企业每一级别职位资本总价值的基础上，按企业对个体人力资本薪酬支出占企业职位内总薪酬支出的比重来确定人力资本个体价计量。从可操作性角度看，企业内部不同级别职位资本的薪酬数据易于取得，折现率可依据 2014 年 7 月 1 日实施的《企业会计准则第 39 号——公允价值》而定。

9.2.2.2　依据职位资本的权益属性确定职位资本的资本成本

尽管人力资本会计学者并没有明确提出人力资本的权益属性，但一些相关研究确或多或少地涉及了人力资本权益安排。如葛家澍、杜兴强（2001）提出将管理型人才纳入人力资本，而生产型人员计入长期应付款；阎达伍、支晓强（2002）主张所有者权益分为权益性非人力资本权益以及权益性人力资本权益；刘秀丽等（2007）提出区分权益性人力资本和非权益性人力资本；黄晓波（2007）主张的普通型人力资本权益、技能型人力资本权益以及管理型人力资本权益等。由此可见，值得肯定的是上述学者并未将人力资本单纯视为股权资本。但遗憾的是，因人力资本流动性所造成的计量难题，使得人力资本权益属性并未得以进一步研究。此后，耿建新、朱友干（2008）尝试将人力资本权益属性区分为股权、债权以及期股债权性。以此为基础，朱友干（2010）结合专用性水平将职位资本权益属性分为股权性、债权性以及期股债权性资本，分别对应高专用性职位资本，低专用性以及介于两者之间的职位资本。就债权性及期股债权性职位资本作为债权资本的还本付息方式而言，这部分职位资本是企业的一种分期付息，到期还“本”的债务。债务“本”金即是其资本价值，还“本”的方式是清理这部分职位。可见，债权性职位资本是企业的长期负债。同时，企业对不同级别职位资本的支出可采用高水平薪酬对价、相对低水平薪酬对价以及逐步提高低水平薪酬等方式。这些不同水平的薪酬对价就是企业职位资本的用资成本，可选择收益分配化、成本费用化等。

所谓收益分配化即将企业对股权性职位资本的薪酬对价视为其参与企业利润分配的结果。这种收益分配模式不同于是财务股权资本，其以逐期支付的方式激发高专用性职位资本的效能。而成本费用化是将企业对债权性以及期股债权性资本的支出薪酬视为利息费用，作为债务资本的用资成本。因此，依据职位资本的权益属性确定职位资本的资本成本核算步骤概括为：首先，依据不同权益属性职位资本价值量以及不同水平的薪酬对价，分别核算不同级别职位资本的资本成本；其次，计算不同权益属性职位资本价值占企业职位资本价值的比重；最后，确定职位资本的综合资本成本。具体核算过程如下：

股权性职位资本的资本成本（以 K_1 表示）= 薪酬对价 ÷ 股权性职位资本价值 ×100%

债权性、期股债权性职位资本的资本成本（以 K_2 表示）= 薪酬对价 ×（1– 所得税率）÷ 债权性以及期股债权性职位资本价值 ×100%

职位资本的综合资本成本 $=K_1W_1+K_2W_2$

式中：W_1 是股权性职位资本占职位资本的比重，W_2 是债权性以及期

股债权性职位资本占职位资本的比重，且 $W_1+W_2=1$

上述公式可依据不同行业、不同类型企业的薪酬数据计算，具有可操作性。

9.2.2.3 新资本范畴下的企业税后经营净利润

将职位资本纳入资本范畴后，不同权益属性职位资本的薪酬对价可视为对股权职位资本的利润分配以及对债权性、期股债权性职位资本的薪酬费用。因此，新资本范畴下的企业税后经营净利润包括调整后的税后利息与税后利润之和。

企业税后经营净利润 = 调整后的税后利息 + 调整后的税后利润

调整后的税后利息 = 财务债务资本利息 + 债务职位资本利息

调整后的企业净利润 = 当前会计准则核算下的净利润 + 股权性职位资本的薪酬对价 ×（1– 所得税率）+ 股权性职位资本的薪酬对价

上式推导过程如下：

当前会计准则对高管薪酬（即股权性职位资本的薪酬对价）是作为期间费用直接计入当期损益。本书主张将这部分薪酬对价视为股权资本参与企业收益分配的结果。因此，调整后的企业净利润 =（当前会计准则核算下的税前利润+股权性职位资本的薪酬对价）×（1– 所得税率）+ 股权性职位资本的薪酬对价 = 当前会计准则核算下的净利润 + 股权性职位资本的薪酬对价 ×（1– 所得税率）+ 股权性职位资本的薪酬对价

9.2.2.4 修订后的 EVA 指标的核算

在大资本观下，EVA 应是企业资本收益与资本成本（包括权益资本成本）之间的差额。因此，EVA= 调整后的息税前利润 ×（1– 所得税率）– 资本成本（包括财务资本以及职位资本的用资成本）

其中：资本成本 = 财务资本成本 + 职位资本成本，财务资本成本的核算与现有核算方法相同；而职位资本成本的核算如前所述。下面通过举例说明修订后 EVA 指标的核算。

【例】2014 年 12 月 31 日某上市公司负债 150 亿元，所有者权益 200 亿元，年税后净利润 30 亿元，所得税税率 25%。该公司财务资本成本为

6%。负债利息总额 10 亿元。经公司人力资源部和财务部门的汇总统计，公司对各级职位的薪酬总投入是 6 亿元（其中高管职位的投入 2 亿元，中、低级职位的投入 4 亿元），预计企业未来的薪酬支出将以每年 5% 的速度增长。假设依据该上市公司 β 值所计算的折现率为 10%。

（1）该公司传统 EVA 计算如下：

EBIT（息税前利润）= 利息 + 所得税 + 净利润

=10+30÷（1−25%）×25%+30=50（亿元）

税后营业利润 =50×（1−25%）=37.5（亿元）

经济增加值（EVA）=37.5−350×6%=16.5（亿元）

（2）修订后的 EVA 计算如下：

首先，职位资本价值为：

依据上述职位资本估价模型，该上市公司对各级职位的薪酬总投入预计以每年 5% 的速度增长时，其职位资本价值的估价公式类似于股利固定增长模型，基本公式变形为：

$$V_n = \frac{I_1}{r - g}$$

式中：V_n 表示该公司职位资本的总价值；I_1 表示该企业预计下一年度职位薪酬支出；r 是适用于该企业的收益折现率；g 是企业薪酬的年增长率。

因此，该公司职位资本的总价值为：6×（1+5%）÷（10%−5%）=126（亿元）

其中：股权性职位资本价值：1×（1+5%）÷（10%−5%）=42（亿元）

债权性、期股债权性职位资本价值：4×（1+5%）÷（10%−5%）=84（亿元）

其次，职位资本的资本成本为：

2014 年股权性职位资本成本为：2÷42=4.8%

2014 年债权性、期股债权性职位资本成本为：4×（1−25%）

÷ 84=3.6%

2014 年职位资本的综合资本成本为：

4.8% × 42 ÷ 126 ＋ 3.6% × 84 ÷ 126=4%

再次，2014 年新资本范畴下的企业税后经营净利润为：

2014 年调整后的税后利息 =（10+4）×（1–25%）=10.5（亿元）

2014 年调整后的税后利润 =30+2 ×（1–25%）+2=33.5（亿元）

因此，2014 年企业税后经营净利润 =10.5+33.5=44（亿元）

最后，修订后的 EVA 为：

经济增加值（EVA）= 企业税后经营净利润 – 调整后资本成本 =44–（350 × 6%+126 × 4%）=17.96（亿元）

由上述计算结果可见，修订后的 EVA 指标充分反映了各资本方的利益诉求，并体现了企业资本运营的净收益。

9.3 本章小结

正如现代企业理论所言，将企业收益的分配规则由股权财务资本独占变为包括企业经营者在内的多元资本主体分享将有利于降低企业交易费用，提升企业业绩，进而实现企业价值。本书从价值创造的角度来看，将职位资本纳入资本范畴，从收益法角度计量职位资本价值，依据职位资本的权益属性确定职位资本的资本成本，赋予新资本观下企业资本收益新的内涵，从而克服了传统 EVA 仅关注财务资本净收益的遗憾。

10

从职位资源角度论综合报告中人力资源信息的披露

Chapter 10

依据国际综合报告委员会《迈向综合报告：在21世纪传播价值》，综合报告在财务报告的基础上，还应包括人力资源、自然资源、公司治理等信息，但如何披露这些信息则尚未有定论。本章以此为切入点，试图从职位资源角度探讨综合报告中人力资源信息的披露，其披露路径在于职位资源的配置信息，职位资源的治理结构信息，职位资源支出与经济绩效、环境绩效以及社会绩效的比率等。

10.1 问题的提出

因现有财务报告过于偏向财务资本所有者的诉求，未能全面体现企业利益各方的权益以及各生产要素所有者之间的产权关系。在此背景下，综合报告呼之欲出。综合报告的目标是为利益相关者提供决策有用的信息，包括财务信息与非财务信息。这些信息应能体现利益各方的权益诉求及生产要素的产权关系。2011 年 9 月国际综合报告委员会《迈向综合报告：在 21 世纪传播价值》讨论稿明确指出综合报告应包括企业的商业模式、经营环境、战略目标、治理状况、业绩及未来发展方向。这几方面涵括人力资源、自然资源、公司治理等信息（杨敏，2012），然而，如何披露这些信息尚未规范。本书以此为切入点，试图从职位资源视角探讨综合报告中人力资源信息的披露。

10.2 人力资源信息在综合报告中的披露模式：基于职位资源视角

就企业拥有的资源与资本的关系而言，后者是前者的来源形态，而前者是后者的占用形态。相应的，人力资源来源于人力资本的专用性投资。多年来会计学者认为因人力资本的计量难题阻碍了人力资源及人力资本进入会计实业务。其实，在现有计量技术下，影响人力资本计量的真正原因是因人力资本个体流动性而造成计量的不确定性，从而影响了其信息含量。这也造成无论人力资源成本会计或者价值会计都无法回避的窘境——即人力资本个体流动性导致的计量难题而无法进入财务信息系统。近年来笔者提出以职位资本替代人力资本。其原因在于人力资本个体是组织内部的成员而不是单个自然人，其效用的发挥离不开所处职位及组织关系。这种组织关系不仅表现为组织内部每位员工在个人利益与企业利益博弈过程中的彼此制约、互相依赖关系，而且也体现了不同级别职位资本之间的制衡关系。建立在人力资本个体专用性投资基础上的不同级别职位资本，不仅体现了人力资本投资的专用性差异，而且体现了组织内部各级职位的效用差异。依据企业对职位资本的总投入（即职位内部人力资本个体所有者的收益）确定不同级别职位资本价值（耿建新，朱友干 2009），从而从根本上解决了人力资本个体流动性对其价值计量不确定性的影响。以此为基点，本书主张以建立在职位资本基础上的职位资源来取代人力资源信息披露。这将使人力资源信息披露分门别类，而非杂乱无章，并能体现企业管理能力。从职位资源角度探讨综合报告中披露人力资源信息的路径在于职位资源的配置信息、职位资源的治理结构信息、职位资源投入产出信息等。

10.2.1 职位资源的配置信息

从经济学角度看，所谓资源配置即指如何以相对稀缺的资源满足人类的无穷欲望。完全竞争的市场结构是实现资源配置效率最优化、社会剩余最大化的帕累托效率机制。在企业内部，由于权威的企业家替代了市场这只无形的手，此时市场机制无法发挥资源配置的决定性作用。因此，企业内部权威的企业家在组织效率的前提下，权衡各职能部门的效用和组织的协调性，努力实现职位资源配置的帕累托改进。从信息披露角度看，职位资源的配置信息至少包括以下内容：

企业依据组织目标需要设立的具有一定工作量单元的不同级别职位资源的基本岗位信息。这将反映组织中承担一定职责的人力资本个体所工作的位置。

不同级别职位资源的聘用政策、方法以及变化。这将能体现企业人事政策的市场化程度，从而使企业利益相关者了解企业人事政策，尤其是职位资源选聘过程中的市场化程度，判断企业不同级别职位资源的竞争性和价值创造能力。

企业对各级职位资源的投入情况（包括薪酬、各项福利以及赋予各级职位资源的股票期权）及其变化，从而体现各级职位资源的收益。披露这些信息也使得从收益法角度确定各级职位资源价值成为可能。

职位资源配置见表 10–1。

表10–1　企业职位资源配置表

编制单位：　　　　　　　　　　　　　　　年　月　日　　　　　单位：元

职位级别	每年对各级职位资源的投入	占总支出的比例	近三年的增减变动
高管职位资源：			
董事长职位资源			
副董事长职位资源			
总经理职位资源			
副总经理职位资源			
财务总监职位资源			
独立董事职位资源			
董秘职位资源			
中低级职位资源：			
……			

从表 10–1 可见，职位资源配置表不仅体现了企业不同级别职位资源的分布及其治理机制信息，而且能提供企业对各级职位资源的投入以及各级职位资源及其职位资本的结构信息。这将使外部利益相关者直观地了解企业管理结构以及软实力。此外，通过分析不同级别投入水平的波动也能及时反映企业配置职位资源的风险。

10.2.2　职位资源的治理结构信息

传统的治理结构是指企业股东会、董事会和监事会结构。与此不同的是，职位资源的治理结构即企业各级职位资源的框架关系。良好的职位资源的治理结构可解决企业管理效率问题，提高企业竞争力。从上述职位资源配置表可清晰发现企业职位资源治理结构，也体现了企业各级职位的权力制衡。这种结构可反映企业的管理结构，即企业的各级管理部门是否存在“脑袋大、脖子粗、身段小”或“脑袋小、身段大”等低效问题。因此，通过分析职位资源的治理结构，促进企业内部职位资源的合理配置，从而达到职位资源配置的最优化。

10.2.3 各级职位资源支出与经济绩效的比率

企业是职位资源与财务资源的共同契约，实现资源配置效率是企业追求的目标。理论上看，各级职位资源支出与经济绩效比率反映了企业职位资源的配置效率。将企业对各级职位资源的支出与企业的经济绩效相比较即可得出各级职位资源支出与产出比率。由于企业内部市场机制无法发挥资源配置效应，披露各级职位资源支出与经济绩效的比率可及时体现企业对内部各级职位资源配置是否具有帕累托改进，从而提高企业各级职位资源的配置效率。

职位资源支出与经济绩效比率表如下（表 10–2）：

表10–2　各级职位资源支出与经济绩效比率表

年　　月　　日　　　　　　　　　　　　　　　　单位：元

各级职位级别年支出总额	与利润的比率	与营业收入的比率	与净资产增长率比率
高管职位资源：			
董事长职位资源			
副董事长职位资源			
总经理职位资源			
副总经理职位资源			
财务总监职位资源			

续表

各级职位级别年支出总额	与利润的比率	与营业收入的比率	与净资产增长率比率
独立董事职位资源			
董秘职位资源			
中低级职位资源：			
……			

从表 10–2 可见，职位资源支出与经济绩效比率反映了企业经营业绩与每一级别职位资源投入之间的关系。某一级别职位投入与产出比越大，则表明该职位资源对企业业绩的贡献较大，反之，企业需要反思职位资源的支出水平。该指标说明企业对职位资源的利用程度，也体现了职位资源结构和企业产出之间的效率变化。

10.2.4 各级职位资源支出与环境绩效以及社会绩效的比率

2011 年 3 月 23 日全球报告倡议组织（GRI）发布了可持续发展报告指南 G3.1，企业可持续发展指标除了经济绩效外，还包括环境绩效和社会绩效。其中环境绩效包括企业所消耗的能源（包括物料、水等）、生物多样性以及企业废气、污水及废弃物对生态系统环境的影响；社会绩效指企业对运营所在地社区的影响，如企业对社会的贡献等。就企业层面而言，因外部性问题导致精确量化这些指标颇具争议，所以迄今为止环境绩效和社会绩效并未在我国企业强制披露。本书在此仅提出初步设想，企业可选择以单位产值的能源消耗量等指标作为环境绩效指标、以单位产值的社会公益支出等指标作为社会绩效指标。职位资源支出与环境绩效以及社会绩效的比率表如下（表 10–3）：

表10–3 各级职位资源支出与环境绩效以及社会绩效的比率表

年 月 日　　　　单位：元

各级职位级别年支出总额	环境绩效	社会绩效
高管职位资源：		

续表

各级职位级别年支出总额	环境绩效	社会绩效
董事长职位资源		
副董事长职位资源		
总经理职位资源		
副总经理职位资源		
财务总监职位资源		
独立董事职位资源		
董秘职位资源		
中低级职位资源：		
……		

由上表可见，将企业对各级职位资源的实际支出与环境绩效以及社会绩效的变动相比较，从而反映企业职位资源对环境绩效以及社会绩效的贡献。若企业的环境绩效以及社会绩效恶化，而企业的职位资源投入增加，则企业应反省人力资源及职位环境政策，并应适度调整。

10.3 本章小结

现代企业的实际控制权是经营管理团队及其所处职位，而非人力资源个体。这使得现代企业权益资本范畴发生变化，即权益资本包括财务资源的权益和经营管理团队的职位资源权益。财务资源的权益包括债权权益和股权权益，而经营管理团队的职位资源权益是指处于高管职位上的人力资源团队的权益。从价值创造的角度来看，职位资源享有的权益是来自于超过财务资本一般报酬水平的公司经济利润中由经营管理团队享有的部分。为此，考虑把职位资源作为综合报告体系的支点，从职位资源的配置信息、职位资本结构信息、职位资源投入与经济绩效、环境绩效以及社会绩效的比率等角度探讨综合报告中人力资源信息的披露，从而提高信息的决策价值。

11

结论

Chapter 11

11.1 本书主要内容

本书主要内容可概括为：项目基于管理会计视角探讨了纺织服装企业职位资本的相关问题。包括：在现有人力资本管理会计的基础上，将纺织服装企业高管所处职位视为资本和立论的基础，并以纺织服装企业高管薪酬为切入点，首先探讨纺织服装企业高管职位资本及权益属性安排；其次，本项目试图通过薪酬折现模型研究高管职位资本价值与薪酬对价的关系；再次，本项目从职位资本角度探讨纺织服装企业人力资本管理会计方法——对纺织服装企业职位资源合理配置、职位资本的控制、职位资本治理、职位资本业绩考核、评价和报告，从而提高纺织服装企业职位资本价值，完善当前管理会计体系。

11.2 本书研究成果的创新性与学术价值

研究成果的创新性在于：

（1）本书在职位资本研究的基础上，提出了纺织服装企业人力资源管理的新视角——即实现从“人本管理职位治理”转变。“人本管理”的核心在于激励人、开发人的潜能，以提高人力资源利用效率。该模式突出个体人在管理中的地位、力求实现以人为中心的管理。然而，纺织服装企业内部的人力资源个体隶属于企业不同级别职位。各级职位凝聚了不同人力资源个体的组合。人本管理忽视了人力资源引进与开发、薪酬管理与激励、绩效管理、培训等环节都离不开其所处职位。“职位治理”将“人”与“职位”结合，在“人本管理”基础上突出企业总体的职位规划、职位结构、不同级别职位的权责分配、激励力度、激励措施等方面，从而提高人力资源管理效能。

（2）阐述了人力资源控制的新理念——职位资源控制，并主张通过职位资源预算控制实现人力资源控制。相对于原有人力资源控制规范来说，职位资源的控制视角不再局限于人力资源个体，而应扩展到不同级别职位资源（即不同专用性人力资源的团队）。这种控制理念转换具有如下内涵：反映了从单纯人的控制转为对职位内部人的控制，体现了总体规划与层级控制的理念；体现了从偏向人的控制到偏向人与制度结合的控制思想，从而带来效率变迁，节约交易成本；解决了人力资源个体流动性对其价值控制的影响问题。

（3）从职位资本角度完善了纺织服装企业 EVA 指标，从而赋予新资本观下纺织服装企业资本收益新的内涵，从而克服了传统 EVA 仅关注财务资本净收益的遗憾，并能促使纺织服装企业提高职位资本业绩评价效率。

研究成果的学术价值在于：项目从管理会计角度探讨了我国纺织服装企业职位资本问题，其研究主题属于人力资本会计范畴。当前国内外人力资本会计研究尽管形成了包括人力资本成本会计和价值会计两大基本模式，但可操作性并不高，所导致的直接后果是人力资本的会计理论与实务并未取得实质性进展。本团队以此为切入点，基于职位资本视角，研究其管理会计方法，从而不仅升华了人力资本会计，而且有利于提升我国纺织服装企业治理能力与治理体系的现代化，具有一定的学术价值。

11.3 未来研究展望及续研方向

本书所研究主题属于人力资本会计的升华，在未来的企业管理中有广阔的研究空间与应用价值。续研方向在于：未来可围绕纺织服装企业职位治理效率、纺织服装企业职位资本与品牌价值的实证研究、纺织服装企业并购重组中职位资源配置与职位资本融资问题、对赌在纺织服装企业职位资本治理中的运用、时尚产业大数据资产与职位治理等展开研究。这些续研主题对提高我国纺织服装企业管理能力、风险管控水平、培植核心竞争力等具有理论价值与实践意义。

参考文献

[1] Aggarwal Samwich.Executive Compensation, Strategic Competition, and Relative Performance Evaluation: Theory and Evidence. Samwick, Andrew A.2[J]. Journal of Finance,1999 Vol. 54 Issue 6, p1999-2043, 45p, 6 Charts, 2 Graphs.

[2] Alchian,A.A.,and H.Demsetz,. Production,Information Costs, and Economic Organization[J].American Economic Review,1972,62(50):777-795.

[3] Boschen,J.F., A.Duru, L.A.Gordon, and K.J.Smith.Accounting and Stock Price Performance in Dynamic CEO Compensation Arrangements[J].The Accounting Review,2003. 78(1): 143-168.

[4] Baker、Jensen Murphy 1998. Compensation and Incentives: Practice vs. Theory[J]. Journal of Finance, 1998 Jul88, Vol. 43 Issue 3, p593-616, 24p.

[5] Baumol W.J. Business behavior,value and growth[M]. New York : Maclmillan, 1959.

[6] Berle, A.A.and Means, GC. The Modern Corporate and Private Property [M]. New York: Maclmillan, 1932.

[7] B Hansson. Personnel investments and abnormal return: knowledge-based firms and human resource accounting [J]. Journal of Human Resources, Costing and Accounting, 1997, 2(2): 9-29.

[8] Boschen,J.F., A.Duru, L.A.Gordon, and K.J.Smith. Accounting and

Stock Price Performance in Dynamic CEO Compensation Arrangements [J]. The Accounting Review, 2003, 78(1): 143-168.

[9] Brummet, Flamholtz and Pyle. Human Resource Measurement—A Challenge for Accountants[J]. The Accounting Review, 1968(April).

[10] Cheng, Qiang1Warfield, Terry D. Equity Incentives and Earnings[J]. Management Accounting Review, 2005, 80(2): 441-476, 36.

[11] Christian Laux,Volker Laux. Board Committees, CEO Compen sation,and Earnings Management[J]. The Accounting Review, 2009, 84(3): 869-891.

[12] Core,J.E.,and W.R.Guay. The Use of Equity Grants to Manage Optimal Equity Incentive Levels[J]. Journal of Accounting and Economics, 1999, 28:151-184.

[13] David Aboody. SFAS NO.123 Stock-Based Compensation Expense and Equity Market Values [J]. The Accounting Review, 2004, 79(2): 251-275.

[14] Davit Adut. Restructuring Charges and CEO Cash Compensation：A Reexamination [J]. The Accounting Review, 2003, 78(1): 169-192.

[15] Dechow, Patricia M,Richard G. Sloan and Amy P. Sweeney. Detecting Earnings Management [J]. The Accounting Review, 1995(April), 70(2):193-225.

[16] Demsetz, Harold. Toward a Theory of Property Rights [J]. American Economic Review, 1967(May), 57:347-359.

[17] Diamond,D.,and R.Verrecchia. Optimal Managerial Contracts and Equilibrium Security Prices [J]. The Journal of Finance, 1982, 37:275-287.

[18] Eduardo Schiell and Francois Bellavance Boards of Directors.CEO Ownership and the Use of Non-Financial Performance Measures in the CEO Bonus Plan [J]. Corporate Goverance:An International Review, 2009, 17(1): 90-

106.

[19] Eli Bartov. Private Information，Earnings Manipulations，and Executive Stock-Option Exercises [J]. The Accounting Review, 2004, 79(4): 889-920.

[20] Ella Mae Matsumura. An Empirical Analysis of Incentive Plan with Relative Performance Measures：Evidence from a Postal Service [J]. The Accounting Review, 2006, 81(3): 533-566.

[21] Fama, E. and Jensen, M.C. Separation of Ownership and Control [J]. Journal of Law and Economics, 1983, 26(June): 301-325.

[22] Fama,E. Agency Problem and Theory of the Firm [J]. Journal of Political Economy, 1980(April), 88(2): 288-307.

[23] Fee,C.E.,and C.Hadlock. Raids, Rewards, and Reputations in the Marketfor Managerial Talent [J]. The Review of Financial Studies, 2003, (16): 1315-1357.

[24].Flamholtz，1985.Human Resource Accounting.2nd Ed Jossy—Bass Publishers.

[25] Gibbons and Murphy. Optimal incentive contracts in the presence of career concerns: Theory and evidence [J]. Journal of Political Economy; Jun92, 1992, (100): Issue 3, p468, 38p, 3 Charts, 7 Graphs.

[26] 耿建新，朱友干．职位资本——人力资本会计研究的新视野 [J]. 会计研究，2009, (11): 48–52.

[27] 耿建新，朱友干．论股权激励核算方法的选择 [J]. 财会月刊，2008, (6): 8–9.

[28] 耿建新，朱友干．人力资本：权益属性与会计选择 [J]. 会计之友，2008, (6): 9–10.

[29] 张同全．企业人力资本产权论 [M]. 北京：中国劳动社会保障出版

社，2003.

[30] 张维迎．企业的企业家——契约理论 [M]. 上海：上海三联书店，上海人民出版社，1995.

[31] 张文贤，邵强进．会计学革命——从人本主义到物本主义的飞跃 [J]. 复旦学报，2001, (2): 82–87.

[32] 张文贤．人力资源会计研究 [M]. 北京：中国财政经济出版社，2002.

[33] 张五常．经济解释——张五常经济论文选 [M]. 北京：商务印书馆，2000.

[34] 赵德武．会计计量理论研究 [M]. 成都：西南财经大学出版社，1997.

[35] 中国会计学会．人力资源会计专题 [M]. 北京：中国财政经济出版社，1999.

[36] 周业安．经理报酬与企业绩效关系的经济学分析 [J]. 中国工业经济，2000, (5).

[37] 朱友干．人力资源会计 [D]. 北京 : 朱友干，2000.

[38] 朱友干．从人力资本角度论企业资本结构 [J]. 财会月刊，2004, (5): 6–7.

[39] 朱友干．从人力资本角度论“共有制”[J]. 财会通讯，2004, (10): 73–75.

[40] 朱友干，朱连生．再论人力资本价值量的确定 [J]. 华北航天学报，2004, (2): 26–28.

[41] 陈雯．ABC 企业全面预算管理信息化实施案例分析 [D]. 财政部财政科学研究所 : 陈雯，2013.

[42] 宁萍．D 集团全面预算管理改进研究 [D]. 山东财经大学 : 宁萍，2014.

[43] 景岩 . S 企业全面预算编制研究 [D]. 重庆大学 : 景岩 , 2012.

[44] 吴捷 . 国有企业全面预算管理究研究——以 Z 电网为例 [D]. 中央民族大学 : 吴捷 , 2013.

[45] 闫婷婷 . 基于公司战略的全面预算管理研究——以 H 证券公司为例 [D]. 山东大学 : 闫婷婷 , 2013.

[46] 马琴 . 全面预算管理研究—以 GW 公司为例 [D]. 天津商业大学 : 马琴 , 2014.

[47] 卢珺 . 制造企业全面预算管理报告体系设计——以中国二重为例 [D]. 西南财经大学 : 卢珺 , 2013.

[48] 田钰 . 基于 EVA 的企业全面预算管理体系研究 [D]. 武汉理工大学 : 田钰 , 2012.

[49] 商晶 . 价值链视角企业全面预算管理研究——以 SL 公司为例 [D]. 山东财经大学 : 商晶 , 2013.

[50] 王媛 . 基于 xc 集团的全面预算管理体系研究 [D]. 山东财经大学 : 王媛 , 2013.

[51] 詹清明 . CPIC 河南分公司人力资源预算管理应用研究 [D]. 郑州大学 : 詹清明 , 2010.

[52] . 蔡俊英 . 安徽省 H 集团全面预算管理应用研究 [D]. 安徽大学 : 蔡俊英 , 2014.

[53] 谭超田 . 保险公司人力资源预算系统的设计与实现 [D]. 山东大学 : 谭超田 , 2012.

[54] 刑宇宁 . 论人力资源预算管理与政府绩效提升 [D]. 吉林财经大学 : 刑宇宁 , 2010.

[55] 陈丹凤 . 企业人力资源管理会计体系设计——以华为公司运用为例 [D]. 西南财经大学 : 陈丹凤 , 2013.

[56] 郎米娜 . A 纺织有限公司人力资源管理问题及对策研究 [D]. 南昌

大学 : 郎米娜 , 2013.

[57] 葛桓志 . 战略导向人力资源成本管理研究 [D]. 西南财经大学 : 葛桓志 , 2010.

[58] 朱友干 . 从职位资源角度谈综合报告中人力资源信息的披露 [J]. 中国劳动 , 2014, (05): 43–45.

[59] 孙建强 , 赵倩倩 . 基于价值链理论的初创企业业绩评价体系研究 [J]. 财会通讯 , 2013, (3): 62–64.

[60] 尉莹莹 . 基于平衡计分卡理论企业人力资源危机预警研究 [D]. 内蒙古科技大学 : 尉莹莹 , 2013.

[61] 王芳 . 基于人力资本视角的企业人力资源竞争力评价研究——以创业板消费电子类企业为例 [D]. 天津商业大学 : 王芳 , 2013.

[62] 杨萍 . 基于战略的全面预算管理运行体系 [D]. 北京化工大学 : 杨萍 , 2013.

[63] 蔡海燕 , 丁艳 . 平衡计分卡在医院绩效评价的应用研究 [J]. 当代经济 , 2014, (4): 64–65.

[64] 陈伟琳 . 企业经营业绩评价探析 [J]. 财会通讯 , 2006, (5): 65–68.

[65] 高金凤 . 企业全面预算管理的问题及规避措施 [J]. 上海企业 , 2013, (2): 62–64.

[66] 陶宇 . 人力资源管理团队绩效评价与对策——基于人力资源审核模型 [J]. 企业经济 , 2013, (3): 101–104.

[67] 孙超 . 上市公司业绩评价体系的构建研究 [J]. 会计师 , 2013, (5): 38–40.

[68] 刘永梅 . 浅谈人力资源预算 [J]. 人力资源管理 , 2009, (2): 42–43.

[69] 蒲玉娟 , 颜毓婷 . 战略管理会计体系实践探索 [J]. 财会通讯 , 2014, (5): 12–14.

[70] 李骁楠 , 刘子旭 . 战略管理会计助力企业发展——以唯品会为例

[J]. 财务与会计 , 2014, (4): 17–19.

[71] 王慧聪 . 引入平衡计分卡的全面预算管理研究——以国美电器为例 [D]. 首都经济贸易大学 : 王慧聪 , 2014.

[72] 耿建新 , 朱友干 . 职位资本——人力资本会计研究的新视野 [J]. 会计研究 , 2009, (11): 48–52.

[73] 朱友干 . 从职位资源角度论综合报告中人力资源信息的披露 [J]. 中国劳动 , 2014, (5): 43–45.

[74] 朱友干 . 从人力资源控制到职位资源控制——视角转换与效率变迁 [J]. 财务与会计 , 2012, (2): 36–37.

[75] 朱友干 . 经理职位资本与股东财富的相关性检验——基于央企上市公司的实证研究 [J]. 财会通讯 , 2011, (12): 24–26.

[76] 耿建新 , 朱友干 . 高管职位资本价值、股东财富与投资报酬——基于企业上市公司的实证研究 [J]. 财政监督 , 2010, (8): 9–12.

[77] 杨敏 , 刘光忠等 . 综合报告国际发展动态及我国的应对举措 [J]. 会计研究 , 2012, (9): 3–8.

[78] 朱友干 . 从人本管理到职位治理——人力资源管理的新视角 [J]. 中国劳动 , 2016, (5): 37–39.

[79] 李淑珍 , 霍晓雪 . 我国纺织服装上市公司资本结构分析与优化 [J]. 纺织导报 , 2013, (7): 26–28.

[80] 朱友干 , 李淑珍 . 基于产权视角的我国纺织服装企业高管职位资本治理 [J]. 纺织导报 , 2016, (9): 122–123.